HELMUT FIEDLER

MENSCH MANNEM!

GESCHICHTEN UND ANEKDOTEN
AUS MANNHEIM
VOM 19. JAHRHUNDERT BIS HEUTE

WARTBERG VERLAG

IMPRESSUM

Bildnachweis
S.16, 18: BASF Unternehmensarchiv, Ludwigshafen
a. Rh.; S.54: Alfred Harder, Weiterstadt; S.75, 76: Café
Herrdegen, Mannheim; S.36, 37: Pfarramt der Chris-
tuskirche Mannheim; S. 8, 12, 30, 31, 38, 40, 41, 60, 65:
Stadtarchiv Mannheim
Alle weiteren Fotos stammen aus dem Privatarchiv des
Autors.

Wir danken allen Lizenzträgern für die freundliche Ab-
druckgenehmigung. In Fällen, in denen es nicht gelang,
Rechtsinhaber an Abbildungen zu ermitteln, bleiben
Honoraransprüche gewahrt.

1. Auflage 2006
Alle Rechte vorbehalten, auch die des auszugsweisen
Nachdrucks und der fotomechanischen Wiedergabe.
Layout: Attila Jo Ebersbach, Kassel
Druck: Steinmeier, Nördlingen
Buchbinderische Verarbeitung:
Buchbinderei Büge, Celle
© Wartberg Verlag Gmbh & Co. KG
34281 Gudensberg-Gleichen, Im Wiesental 1
Telefon (0 56 03) 9 30 50
www.wartberg-verlag.de
ISBN-10: 3-8313-1638-4
ISBN-13: 978-3-8313-1638-0

INHALT

VORWORT

Die Stadt im Mündungsbereich von Rhein und Neckar, die gerade ihren 400. Geburtstag feierlich begehen kann, erschließt sich erst auf den zweiten Blick als liebenswert, lässt einen dann aber nicht mehr los. Der Mittelpunkt der Metropolregion Rhein-Neckar, die schon im 17. und 18. Jahrhundert anderen Städten vorgelebt hat, wie gedeihlich Menschen verschiedener Herkunft, Sprache, Religion und Kultur ein Gemeinwesen bilden können, hat so gar nichts Mittelalterliches und Idyllisches aufzuweisen. Stattdessen ist Mannheim eine moderne Stadt, die sie von Anfang an war, „gleich und heiter gebaut", wie sie Goethe einmal beschrieben hat.

Dieses Buch erzählt vom Aufstieg der ehemaligen kurpfälzischen Residenzstadt in ein zweites „Goldenes Zeitalter" im 19. und 20. Jahrhundert. Zu lesen sind Denkwürdigkeiten, Lebensbeschreibungen, Anekdoten und Erinnerungen von berühmten und unbekannten Menschen, die in dieser Stadt gewirkt und große und kleine Spuren hinterlassen haben.

Lassen Sie sich mitnehmen auf Spurensuche in Mannheim und seiner Entwicklung von der Kurpfälzischen Residenzstadt zur modernen Industrie- und Handelsstadt, die trotz schwerer Zerstörungen im Zweiten Weltkrieg so manches Kleinod in unsere Tage hinein hat herüberretten können.

Helmut Fiedler

„Mannem vorne!"

Dieser alte Ausruf bedeutet: Die Stadt Mannheim hat etwas vorzuweisen. Hier steht das größte Barockschloss Deutschlands und zweitgrößte Europas! In der Musik schrieb die „Mannheimer Schule" Geschichte! Hier fand die Uraufführung von Schillers „Räubern" statt! Das erste „Fahrrad" fuhr in Mannheim und das erste Auto sowieso, und die erste Rallye startete von hier nach Pforzheim mit einer Frau namens Bertha Benz und ihren beiden halbwüchsigen Söhnen! Mannheim hat den schönsten Wasserturm und diesen sogar als Wahrzeichen! Hier isst man den berühmten „Mannemer Dreck" und trinkt das delikate „Kandelwasser" dazu!

In Mannheim stand die Keimzelle der größten Chemiefabrik der Welt! Mannheim stellte den ersten Deutschen Fußballmeister der Bundesrepublik. Hier hat Rudi Altig Rad fahren gelernt!

Mannheim ist das Herz der Kurpfalz und Zentrum der Metropolregion Rhein-Neckar, dem siebtgrößten Ballungsraum Deutschlands. In Mannheim singen die „Söhne Mannheims" und Xavier Naidoo und erstürmen die Charts des neuen Jahrtausends!

„Mannem vorne" wurde oft als provinzielles Geschrei abgetan, doch gemeint war stets: Wir Mannheimer sind stolz auf unsere Stadt. In Anbetracht der Probleme, die Mannheim durch die derzeitige wirtschaftliche Stagnation im Allgemeinen und den Strukturwandel im Besonderen hat, kommt den Mannheimern der Ausruf immer seltener über die Lippen. Da wird manch einer zum Nostalgiker, und wenn ein paar Alteingesessene im Stehcafé bei Tchibo in der Mannheimer Fressgass' ihren Kaffee trinken, da hört man schon einmal: „Ja friher, do hot's g'heße, Mannem vorne, awwer heit? Gott, ihr Leit!

Kumm geh fort!" Und es wird gejammert, dass der Wasserturm wackelt. Da kann dann einer der Kaffeetrinker laut werden: „Mannem hinne müsst's heeße, odder nit? Mensch Mannem!" Das Gespräch bei Tchibo in der Fressgass' ist noch lang nicht zu Ende. Da gibt es noch manches, was gesagt werden muss. Doch woher stammt der Spruch?

Da gehen die Meinungen auseinander. Aber die vielen Erklärungsversuche haben eine Gemeinsamkeit: Es geht um das Einsteigen in den richtigen Eisenbahnwagen für einen Reisenden aus Richtung Frankfurt. In den Anfängen der Eisenbahnzeit in Mannheim muss eine Art Kurswagensystem im Nahverkehr üblich gewesen sein. Je nach Zielbahnhof musste man in einen bestimmten Wagen steigen. An Knotenpunkten wie z.B. Mannheim-Friedrichsfeld wurden Wagen abgehängt und neu zusammengestellt. „Der Waggon nach Mannem hod glei hinner der Lokomotiv' g'hängt, un do hod de Schaffner immer gerufe: Mannem vorne! Do is mer glei' richtisch eigstigge, verschtehschd?" Hoffen wir mit allen Mannheimern, dass es bald wieder öfter zu hören und zu lesen ist: „Mannem vorne!"

Helmut Fiedler

DER URKNALL DES INDIVIDUALVERKEHRS:
Das erste Zweirad fuhr in Mannheim

Dass der Mannheimer Carl Benz als Erfinder des Autos gilt, ist hinreichend bekannt. Dass aber Jahrzehnte, bevor der geniale Erfinder seinen dreirädrigen Motorwagen aus seiner Werkstatt schob und die ersten Fahrversuche in den Mannheimer T-Quadraten unternahm, ein anderer Mannheimer eine noch weit entscheidendere Erfindung gemacht hat, ist lange Zeit im Dunkel geblieben.

Die Rede ist vom Freiherrn Karl von Drais. Der Donnerstag vor Pfingsten, der 12. Juni 1817, wurde zum wichtigsten Tag in dessen Leben. Von seinem Wohnhaus Nr. 8 im damals noch näher am Schloss liegenden Quadrat M 1 fuhr er mit der von ihm konstruierten Laufmaschine, später Draisine genannt, durch die Kunststraße und weiter auf der Chaussee in Richtung Schwetzingen.

Drais hatte diese Strecke bewusst gewählt: Die Straße war vom Kurfürsten Carl-Theodor angelegt worden für Kutschenfahrten und den Transport seiner Möbel und Bediensteten zur alljährlichen Reise in seine Sommerresidenz Schwetzingen. Noch in der ersten Hälfte des 19. Jahrhunderts galt sie als die beste Straße von ganz Baden. Drais fuhr bis zur Relais-Station auf der Rheinau und trat von hier seine Rückfahrt nach Mannheim an. Dabei erreichte er eine Durchschnittsgeschwindigkeit von erstaunlichen 14km/h.

Drais war nicht allein auf seiner denkwürdigen Jungfernfahrt. Am Straßenrand standen Leute und schüttelten den Kopf angesichts des „Spinners", der seine hölzerne, nur ca. 20kg schwere Laufmaschine durch abwechselndes Abstoßen der Beine in Bewegung hielt.

Freiherr Karl von Drais, der Erfinder des Fahrrades

Vorder- und Hinterrad waren gleich groß und erinnerten in ihrem Aussehen an Wagenräder. Der elegant gekleidete Fahrer saß auf einem ledernen Sattel, die Unterarme auf ein Balancier-Brett gestützt und die Hände an der ebenfalls hölzernen Lenkstange haltend. Manche Zuschauer jubelten, andere wichen erschrocken zurück, wieder andere schüttelten den Kopf und tippten sich an die Stirn. Kinder rannten ein Stück hinterher, kehrten aber ob der Geschwindigkeit des dahinrollenden Freiherrn bald wieder um. Drais überholte Fuhrwerke, deren Kutscher fluchten und ihn sonst wohin wünschten. Herrenreiter fühlten sich in ihrer Ehre verletzt und fielen in Galopp.

Es war ein großer Tag für den Erfinder und für die Nachwelt eine Denkwürdigkeit, die erst später als bahnbrechendes Ereignis erkannt werden sollte. Zum ersten Mal in der Menschheitsgeschichte hatte ein Mensch eine

Maschine benutzt, mit der er sich ohne Zugtier, nur mit der Kraft seiner Beine, schneller als zu Fuß fortbewegen konnte.

Dem Erfinder Karl von Drais war sein technischer Geniestreich nicht in die Wiege gelegt worden. Der Mann, der den Urknall des zunächst mechanisierten und später motorisierten Individualverkehrs auslöste, wurde 1785 in Karlsruhe als ältester Sohn des Geheimen Rates Wilhelm von Drais geboren. Der Großherzog Karl Friedrich von Baden selbst stand Pate bei der Taufe des kleinen Karl. Nach mehrmaligem Ortswechsel zog die Familie – die Mutter starb, als Karl Drais 14 Jahre alt war – nach Mannheim, wo der Geheime Rat Oberhofgerichtspräsident wurde und ein Haus in M 1,8 kaufte. Der Großherzog hatte für Karl das Studium der Forstwissenschaft verfügt, doch der junge Forstbeamte beendete bald seine gerade begonnene Beamtenlaufbahn und verlegte sich auf das Konstruieren und Erbauen von Laufmaschinen und die dabei anfallenden Problemlösungen.

Die Nachwelt hat den Erfinder später nicht nur als „Spinner", sondern auch als beruflichen Versager bezeichnet, der zu dumm gewesen sei, seine Erfindung in klingende Münze zu verwandeln. Doch der Vorwurf ist unberechtigt, denn einem Staatsbeamten war damals jeglicher Nebenverdienst streng untersagt. Zudem war im zersplitterten Deutschland ein Patent über Baden hinaus schwierig durchzusetzen. In allen anderen Teilen Deutschlands und der Welt konnte jeder die Drais'sche Laufmaschine nachbauen und vermarkten.

Der junge Großherzog Karl ernannte den ein Jahr älteren ehemaligen Forstbeamten zum „großherzoglich-badischen Professor" und sicherte ihm die zuvor erhaltenen Bezüge zu. Am 18. Januar 1818 erteilte er ihm auf zehn Jahre das Patent auf seine Laufmaschine für das Großherzogtum Baden. Die nachgebauten, oft zum Schlechteren modifizierten Draisinen tauchten bald in ganz Deutschland, im europäischen Ausland und in Amerika auf.

Dass Drais und seine Erfindung später aus dem Bewusstsein der Öffentlichkeit weitgehend verschwanden, hat auch politische Gründe. Die großbürgerlichen „Meinungsmacher" haben ihm nie seine Sympathie für die 1848/1849er Revolution in Deutschland und die Badische Revolution im Besonderen verziehen. Karl von Drais starb am 10. Dezember 1851 in Karlsruhe, wo er am 29.4.1785 das Licht der Welt erblickt hatte.

Sein beruflich erfolgreicher, monarchiegläubiger Vater, der den Burschenschaftler und Attentäter Carl Ludwig Sand wegen dessen politisch motivierten Mordes an dem reaktionären Komödiendichter August von Kotzebue 1819 zum Tode verurteilt hatte, wurde 1827 zum Ehrenbürger der Stadt ernannt.

An den großen Sohn der Stadt erinnert heute eine Gedenktafel am Haus in M 1,8 und die Draisstraße in der westlichen Neckarstadt.

Stephanie, Großherzogin von Baden, Standbild am Rheinufer

EIN STANDBILD AUS DER PRIVATSCHATULLE

Das „hübscheste" Mannheimer Standbild steht zweifellos am Stephanienufer auf dem Lindenhof. Es zeigt Stephanie von Beauharnais, die frühere Großherzogin von Baden. Sie war die Adoptivtochter des großen Napoleon und wurde mit dem Großherzog Karl von Baden vermählt. Nach dem frühen Tod ihres Gemahls übersiedelte sie mit ihrem Hofstaat von Karlsruhe nach Mannheim und bewohnte den westlichen Flügel des Schlosses. Die von den Mannheimern hoch verehrte Großherzogin lebte bis kurz vor ihrem Tode im Jahre 1860 in Mannheim.

Carl und Anna Reiß um 1865

Der Weg am Stephanienufer führt zur Einmündung des Bellenkrappens in den Rhein. Drüben liegt die Reißinsel, ein streng geschütztes Naturreservat mit urwüchsigem Auwald und einer Streuobstwiese. Während der Vogelbrutzeiten ist die Insel sogar für Spaziergänger gesperrt.

Das war nicht immer so. Manch ein Linden- oder Almenhöfer kann von endlos scheinenden Sommertagen erzählen, wenn er mit seinen Freunden hier seine freien Tage verbrachte. Man kletterte auf die knorrigen Pappeln, hockte um ein Lagerfeuer am Ufer des vorbeiströmenden Rheins oder fuhr mit einem selbst gebauten Floß ein Stück rheinabwärts. Eine Mutprobe musste am Mannheimer Strandbad vollbracht werden. Man ging stromaufwärts zur „Silberpappel" und schwamm über den Rhein zum Kiefweiher und wieder zurück zum nördlichen Strandbadende. Die Eltern erfuhren davon nichts. Die Sache war ja nicht ungefährlich.

Der edle Stifter der Insel war der Mannheimer Großbürger Carl Reiß, der im Jahre 1901, 13 Jahre vor seinem
Tod, das damals „Fasaneninsel" genannte Eiland seiner
Vaterstadt Mannheim vermachte, worauf ihn diese umgehend zum Ehrenbürger ernannte. Reiß war ein leiden-
schaftlicher Jäger und lud Prominente seiner Zeit zur
Jagd ein. Da werden die Jagdhörner ganz schön getutet
und die Büchsen recht laut gekracht haben. Nach dem
frühen Tod seiner Frau Bertha, der Tochter des BASF-
Gründers Friedrich Engelhorn, nahm seine Schwester
Anna die Stelle der Hausherrin ein. Die beiden Ge-
schwister organisierten jährlich ein großes Spielfest auf
der Insel für Mannheimer Kinder. Anna Reiß war es vorbehalten, die Töchter der Mannheimer Oberschicht in
die vornehme Gesellschaft einzuführen.

Der wohlhabende Carl Reiß hatte in Mannheim einen
gewichtigen wirtschaftlichen und politischen Einfluss.
Zeitweise saß er in über 20 Aufsichtsräten der verschie-
densten Mannheimer Firmen. Seine Villa in E 7,20 war
Mittelpunkt des gesellschaftlichen Lebens der Stadt.

Carl und Anna Reiß, beide kinderlos, vermachten
ihr gesamtes Vermögen ihrer Heimatstadt. Das wieder-
aufgebaute und gerade so prächtig renovierte Zeughaus
und das neue Reiß-Engelhorn-Museum gegenüber sind
ein Teil dessen, wofür die so reich beschenkte Stadt das
ihr vermachte Erbe verwendet hat.

Carl Reiß hat die Großherzogin von Baden noch
persönlich gekannt und tat auch für sie etwas Gutes: Ihr
Standbild am Stephanienufer finanzierte er zu 100% aus
seiner Privatschatulle. Und wer's nicht weiß, dem sei es
jetzt verraten. Am Stephanienufer steht nur ein Abguss,
das Original befindet sich im Mannheimer Schloss.

Die Anilinfabrik im Mannheimer Jungbusch

VOM SILBERMACHER-LEHRBUB
ZUM GRÜNDER EINES WELTUNTERNEHMENS
Der unglaubliche Aufstieg des Friedrich Engelhorn

Die Badische Anilin- und Sodafabrik, besser unter dem Namen BASF bekannt, zieht sich am gegenüberliegenden, nördlichen Rheinufer auf rheinland-pfälzischem Gebiet über viele Kilometer hin und ist die größte Chemiefabrik der Welt. Der längst als Global Player agierende, unüberschaubare Chemieriese, der sich inzwischen den schönen Beinamen „The chemical company" gegeben hat, geht auf ihren Gründer Friedrich Engelhorn zurück, einen waschechten Mannheimer, der am 6. April 1865 in D 3,12 in der Wohnung des Advokaten Dr. Leopold Ladenburg gemeinsam mit den Chemikern Carl und August Clemm, dem Bankier Seligmann Ladenburg, dem Altbürgermeister Friedrich Reiß und dem betuchten Privatier Carl Fries den Gesellschaftsvertrag der Badischen Anilin- und Sodafabrik unterzeichnete.

Dass sich daraus nicht eine kleine „Chemieklitsche" im Mannheimer Jungbusch sondern ein Weltunternehmen entwickeln würde, hat sich wohl keiner der Anwesenden, auch in seinen kühnsten Träumen nicht, vorstellen können.

Die Voraussetzungen waren günstig für wagemutige Unternehmer in der Stadt an Rhein und Neckar: Mannheim war an das stetig wachsende Eisenbahnnetz angeschlossen, die Schifffahrt hatte mit den Dampfschiffen einen unaufhaltsamen Auftrieb bekommen, die Reichsschifffahrtskonvention war unter Dach und Fach und Baden war 30 Jahre zuvor dem Deutschen Zollverein beigetreten. Auf der Mühlau waren Hafenbecken ent-

Mühlauhafen um 1880

standen, die immer zahlreicher wurden und bald auf andere flussnahe Areale ausgeweitet werden würden. Die Stadt saß in den „Startlöchern" zu ihrem Lauf, der sie zu einer der bedeutendsten Industrie- und Handelsstädte führen sollte.

Der kleine Fritz der Familie Engelhorn kam am 17. Juli 1821 in P 5,1 zur Welt. Hier wuchs er auf. Man schickte ihn ins Gymnasium, doch die humanistische Bildung wollte ihm nicht so recht behagen, er war mehr

Friedrich Engelhorn   *Carl Clemm*

für das Praktische. Mit 14 kehrte er der klassischen Bildung den Rücken und ging in D 3,10 in die Gold- und Silbermacherlehre beim Gold- und Silberarbeiter Gehring. Mit dem Gesellenbrief im Gepäck machte er sich auf seine Wanderjahre und arbeitete in Mainz, Frankfurt, München, Wien, Lyon und Paris.

Die Wanderjahre müssen seinen Horizont gewaltig erweitert haben. In seine Vaterstadt zurückgekehrt, machte er sich selbstständig, heiratete bald eine in Worms wohnende Vollwaise, die ein beträchtliches Vermögen in die Ehe einbrachte; für einen aufstrebenden Unternehmer ein Glücksfall. Man zog nach C 4,6 zur Miete.

Das Zauberwort jener Zeit war „Leuchtgas", mit dem man schon längst die europäischen Metropolen aus ihrer nächtlichen Dunkelheit gerissen hatte. In Mannheim ließ der Fortschritt allerdings auf sich warten.

Engelhorn legte seinen erlernten Beruf wie ein altgewordenes Kleidungsstück ab und sprang auf den neuen Zug auf. Er gründete mit zwei Partnern die „Badische Gesellschaft für Gasbeleuchtung" und erreichte bei der Stadt das praktisch alleinige Monopol zur Gasversorgung, was ihn in wenigen Jahren zu einem wohl-

16

August Clemm

Seligmann Ladenburg

Gründungsväter

habenden Mann machte. Diese Gasfabrik stand in K 6 beim Jungbusch. Doch mit der Verkokung von Steinkohle zu Gas gab sich Engelhorn noch nicht zufrieden. Sein Unternehmergeist zielte viel weiter. Die Fabrik war eine einzige „Dreckschleuder" und der Teer als Abfallprodukt eine eklige und lästige Sache.

Aus dem viel weiter fortgeschrittenen England war aber bekannt, dass man aus diesem „Dreck" wertvolle Nebenprodukte gewinnen konnte, wie etwa Farben und deren Vorprodukte, wie z.B. Anilin. Kurz entschlossen weitete Engelhorn seine Firma in Richtung Jungbusch aus und gründete eine Teerwarenfabrik. Um die vielen Hilfsstoffe nicht für teures Geld einkaufen zu müssen, sagte sich der Firmengründer von allen Abhängigkeiten los und entschloss sich zur selbstständigen Produktion der anorganischen Stoffe. So kam es zu der schon erwähnten Gründung der BASF am 6. April 1865.

Das B und das F für „Badisch" und „Fabrik" ist wohl jedem Mannheimer vertraut. Das A für Anilin sowieso, fuhren und fahren doch Generationen von Mannheimer „Anilinern" an den Werktagen über den Rhein in die „Anilin" und verdienen dort ihre „Kohle", die sie in Mannheim ausgeben. Das S ist nicht so leicht zu ent-

So klein fing alles an: BASF 1866

*Königlich bayerische
Konzessionsurkunde
von 1865*

schlüsseln und für Auswärtige schon gar nicht. Das zeigt die schon in Günther Jauchs „Wer wird Millionär?" gestellte Frage, welches Wort für den Buchstaben S in dem Kürzel BASF stehe. Als Auswahlantworten wurden dem grübelnden Kandidaten „Säuren", „Salze", „Soda" und „Sahne" angeboten. Der verzweifelnde Kandidat musste den fifty-fifty-Joker nehmen und hatte Glück: „Soda" und „Sahne" blieben stehen.

Dass die badische eigentlich eine (bayrisch)-pfälzische Fabrik ist und wie sie vom Neckar hinüber auf die andere Rheinseite gekommen ist, das ist eine Geschichte, die in den Unterhaltungen der Mannheimer immer wieder eine Rolle spielt. Die oft gehörte Meinung, man hätte sie „driwwe" gebaut, damit den Mannheimern der Gestank erspart bleibt, ist allerdings eine Mär, die durch ständige Wiederholungen auch nicht wahrer wird.

Die für den Mannheimer „Stadtsäckel" folgenschwere Entscheidung hatte sich Mannheim selbst zuzuschreiben. Der geplanten Ansiedlung der Engelhorn'schen Fabrik entlang dem Neckarufer schob der Stadtrat mit 68 zu 42 Stimmen einen Riegel vor. Engelhorn reagierte schnell. Er orderte Gelände in den Rheinauen beim Ludwigshafener Hemshof. Der Stadtrat des kaum 5000 Bürger zählenden Ludwigshafen und die bayrische Regierung stimmten umgehend zu, und die gerade gegründete Fabrik entstand auf der linken Rheinseite.

Friedrich Engelhorn und seine Mitglieder wohnten natürlich weiterhin in Mannheim. Friedrich Engelhorn ließ auf „seinem" Mannheimer Quadrat A 1, direkt gegenüber dem Schloss, mehrere repräsentative Gebäude errichten, auf die selbst der Kurfürst neidische Blicke geworfen hätte. Hier traf sich, wer Rang und Namen in Mannheim hatte. Früher hatte sich der Adel im gegenüber liegenden Barockschloss selbst gefeiert. Jetzt war an seine Stelle der „Industrieadel" getreten: Selbstbewusste Großbürger, vornehm und reich, den schönen Künsten zugetan und Förderer der Stadt, die durch sie und mit ihnen auf dem Wege zur aufblühenden Stadt an Rhein und Neckar voranschritt, und das auch ohne die „Anilin", den größten Steuerzahler der Schwesterstadt Ludwigshafen.

Wenn sich Friedrich Engelhorn durch die Quadrate seiner Heimatstadt kutschieren ließ, dann reckte manch einer den Kopf. Der wie ein Aristokrat wirkende Herr war einer, von dem man sagte: „Der hod's zu was gebrochd!" Und wenn Engelhorn nicht schon zu alt gewesen wäre, als Carl Benz vor seiner Werkstatt in T 6,33 seine ersten Ausfahrten mit seinem Motorwagen machte, wäre er nach dem Erfinder vielleicht der zweite Besitzer einer Benzinkutsche geworden.

Carl Benz (1844–1902)

19

„AM MONTAG AUF DEM MARKT":

Post aus dem alten Mannheim

In Mannheim hatten die Gründerjahre im letzten Drittel des 19. Jahrhunderts gewaltige Spuren hinterlassen. Eine Unzahl von Firmen im produzierenden und kaufmännischen Gewerbe waren entstanden und lockten Menschen aus ganz Deutschland in die aufstrebende Stadt an Rhein und Neckar. In wenigen Jahrzehnten wandelte sich Mannheim zu einer prosperierenden Großstadt. Ganze Stadtteile entstanden, wo zuvor Ödland oder Gärten und Felder gewesen waren.

Stadtnah und in Hafennähe war der Jungbusch mit mehrstöckigen Mietshäusern, ganz im prächtigen Stil der Gründerzeit, bebaut worden. Hier, in der Jungbuschstraße 19, zog am 23. August 1904 die 22-jährige Anna Else F. in eine Wohnung ein und gründete mit ihrem 24-jährigen Ehemann Friedrich Oswald F. einen gemein-

Postkarte von Anna Else F. von 1904

samen Hausstand. Dieses wenig spektakulär erscheinende Ereignis wirft ein Licht auf die Stadt Mannheim und ihre sozialen Veränderungen um das Jahr 1900.

Der jungen Frau muss die Übersiedlung vom fernen Heimatstädtchen Ronneburg in Thüringen in die badische Industrie- und Handelsstadt Mannheim wie ein Umzug ins Ausland vorgekommen sein. Sie war in dem abgelegenen, sächsisch-altenburgischen Städtchen Ronneburg aufgewachsen. Hier lernte sie den jungen Kaufmann Friedrich Oswald F. aus Calbe an der Saale kennen, den es beruflich nach Ronneburg verschlagen hatte, der aber bald eine Stelle in einer Mannheimer Ledergroßhandlung annahm, wo er mit der Einrichtung der Wohnung in der Jungbuschstraße die Voraussetzungen für einen gemeinsamen Hausstand mit seiner „Elsi" schuf. Die Verlobte blieb zunächst noch in Ronneburg. Die Hochzeit fand am 22. August 1904 in Ronneburg statt. Schon am folgenden Tag bezog das junge Paar seine Wohnung in Mannheim.

Die alte Heimat muss der jungen Frau wie eine ruhige Insel vorgekommen sein, die sie nun abrupt gegen eine quirlige, immer mehr anwachsende Großstadt vertauscht hatte. Es war eine große, fremde, neue Welt, die sich ihr hier auftat. Das großstädtische Leben, die hohen Häuser, die breiten Straßen, die Plätze und repräsentativen Bauten, der Verkehr und die vielen Menschen, die einheimischen mit ihrem kurpfälzischen Zungenschlag und die vielen Dialekte der Zugezogenen müssen auf die junge Ehefrau einen großen Eindruck gemacht haben.

Die Briefe, die sie in den ersten Monaten aus Mannheim an ihre Familie geschrieben hat, zeigen dies auf fast anrührige Weise und versetzen uns Heutige in die Lebensverhältnisse einer jungen, bürgerlichen Frau in Mannheim um 1900.

Am 28. August 1904 schrieb sie eine Postkarte an ihre Mutter. Die fast vollständig beschriebene Vorderseite zeigt in einem Oval ein koloriertes Bild mit einem Teich mit Springbrunnen, einer von Pappeln bestandenen Insel und einem lang gestreckten, jugendstilartigen Gebäude im Hintergrund. Auf der linken Seite steht: „Partie im Stadtpark; jetzt Friedrichspark". Rechts oben: „Mannheim".

Nach über 100 Jahren ist die Karte arg zerfleddert. Doch lesen kann man noch, was Else F. an einem Spätsommertag des Jahres 1904 aus Mannheim zu melden hatte:

> „... Wir waren gestern abend hier im Stadtpark im Konzert, es war sehr schön. Nachmittags hatten wir einen kleinen herrlichen Spaziergang am Rhein unternommen ..."

Man sieht, das „junge Glück" hatte sich für das Wochenende zwei besonders schöne Aufenthaltsorte gewählt: den Friedrichspark westlich des Schosses, den es heute eigentlich nur noch dem Namen nach gibt, wo später das Eisstadion entstand und noch später die Auffahrten zur Rheinbrücke errichtet wurden. Den „herrlichen" Spaziergang unternahm das junge Paar am Stephanienufer, auch heute noch eine beliebte Spaziermeile der Mannheimer.

Die weiteren in das ferne Ronneburg geschickten Zeilen zeigen, wie schnell die junge Frau in Mannheim Fuß fasste und beherzt die Probleme des Alltags anging. Vielleicht waren dabei die sprichwörtlich freundlichen, umgänglichen und herzlichen Kurpfälzer der Quadratestadt nicht ganz unbeteiligt. Was sie in der kurzen Zeit, die ihr noch zu leben blieb, an ihre Familie schrieb, ist

Marktplatz von Mannheim um 1900

von so großer Begeisterung und Zuversicht geprägt, dass man den Eindruck gewinnt, sie hat hier gern gewohnt und wäre mit den Jahren eine richtige Mannheimerin geworden.

In einem Brief vom 13. September 1904 notierte sie:

„Es sind jetzt schon 3 Wochen in das Land gezogen, wo ich von Euch, meine Lieben, fort bin. Ich habe mich in Mannheim nun ganz gut eingerichtet ... In der Küche ist es unbequem zu waschen. Auch ist es beschwerlich, die Wäsche im Topf zu kochen, na ich werde mich schon daran gewöhnen. Getrocknet habe ich auf dem Dachboden, woselbst es sehr gut trocknet.
Hast Du, liebe Mutter, den Pfälzer Wein erhalten und wie hat er Euch geschmeckt? Wie ihr aus unseren Karten ersehen könnt, haben wir am Sonnabend einen Ausflug mit Ossis Handlung unternommen.
Mittag 1 Uhr sind wir mit der Bahn bis Weinheim ge

fahren, dann haben wir Burg Windeck erstiegen, woselbst wir eine herrliche Aussicht hatten. Hier haben wir uns gestärkt, dann ging es mit frischer Kraft weiter durch herrlichen Wald, aber immer bergauf.

In der Fuchs'schen Mühle sind wir dann noch mal eingekehrt, wo wir uns wieder bei einem Schoppen feinen Weins belabt haben.

Von hier sind wir bis Weinheim gewandert und dann um 8 Uhr nach Mannheim zurückgefahren. Am anderen Tage waren wir tüchtig müde, haben aber trotzdem einen kleinen Rundgang durch die Mannheimer Quadrate unternommen ...

Am Montag war ich auf dem Markt. Ihr macht Euch keinen Begriff, was es da alles gibt. Und die vielen Menschen!

Aus dem großen schönen Mannheim grüßt Euch alle Eure liebe Elsi. "

Der dritte und letzte noch erhaltene Brief ist am 13. Februar 1905 datiert.

Else F. war zu diesem Zeitpunkt im siebten Monat ihrer Schwangerschaft. Sie berichtet von Vorbereitungen auf den bevorstehenden Familienzuwachs und den notwendigen Anschaffungen für das Wohl des neuen Erdenbürgers.

Sie schreibt:

„Liebe Mutter, ich habe Windeln gekauft, aber die rotkarierten sind mir zu steif, das reine Bettzeug! Ich glaube, hier gibt es gar keine dünnen, ich frage noch mal in einem Geschäft am Paradeplatz. Sollte ich da keine bekommen, dann bist du, liebe Mutter, so gut und schickst mir welche mit, nichtwahr? Du frägst an, liebe Mutter, ob ich öfter mit Frau Kaufmann zusammen-

*komme. Wir reden oft miteinander, aber in die Stuben
kommen wir selten. Kürzlich holte sie sich unsere Bett-
deckenhalter zum absticken. Wir haben ihren Gasofen
gekauft, derselbe steht auf einem eisernen Tischchen,
hat 4 Flammen und extra noch für das Bügeleisen,
für 20,- Mark. Wir denken nicht, dass er zu theuer ist,
Kaufmann's haben ihn erst 1 Jahr benutzt ... "*

Der neue Erdenbürger erblickte am 31. Mai 1905 das
Licht der Welt. Wie damals üblich fand die Geburt in
der Wohnung statt. Die junge Mutter überlebte die Geburt ihres Sohnes nur um wenige Tage. Sie starb im Wo-
chenbett, ein damals noch häufiges Frauenschicksal.

Die junge, voller Hoffnungen und Sehnsüchte in die
Zukunft blickende Frau hätte in ihrem „großen Mannheim" sicher noch Fuß gefasst. Doch war ihr das nicht
vergönnt. Die Parallelen dieser kurzen Lebensbeschrei-
bung zur Migrationsbewegung im letzten Drittel des 20.
Jahrhunderts sind dieser jungen Frau gewidmet.

Der ersten Belegung des Jungbuschs mit jungen,
nach Mannheim zugezogenen Familien folgte ab Ende

Traurige Taufe am 2. Juli 1905

der 1950er Jahre eine Zuzugswelle angeworbener Arbeitskräfte. Als Erste kamen Italiener, Griechen, Spanier und Jugoslawen, später viele Türken aus den armen Regionen Anatoliens. Auch bei dieser Migration kamen die Männer zunächst allein und holten nach und nach ihre Ehefrauen und Kinder nach. Besonders für die türkischen Neubürger war Mannheim eine fremde Welt, in der man sich nur langsam zurecht fand.

Im Jungbusch steht heute die größte Moschee Deutschlands. Der Jungbusch und die westliche Unterstadt, die so genannte „Filsbach", gilt heute nach Berlin-Kreuzberg als die zweitgrößte türkische Ansiedlung außerhalb der Türkei. Trotz großer Integrationsprobleme sind die inzwischen in der zweiten und dritten Generation hier lebenden Menschen Mannheimer geworden, die hier eine Heimat gefunden haben. Mit ihren vielen Geschäften und Gaststätten geben sie diesen Stadtteilen Farbe und internationales Flair. Das schafft natürlich auch Probleme. Doch meistert die Stadt, die in ihrer 400-jährigen Geschichte immer wieder Menschen von außerhalb aufgenommen und integriert hat, auch diese Herausforderung. Viele bringen sich ein in Quartiermanagements und Initiativen und fördern die Integration der ausländischen Mitbürger.

Und woher stammt der Name „Filsbach"? Lange Zeit gab es hier einen Wasserlauf zum Neckar, der so genannt wurde. Die Bezeichnung für ein ganzes Stadtviertel wird von alten Mannheimern gern benutzt, ist allerdings wenig schmeichelhaft gemeint. Im Laufe des 20. Jahrhunderts waren die „Filsbach" und der Jungbusch zeitweise ein kleines Mannheimer „St. Pauli" gewesen. Heute ist hier das internationalste Wohnquartier von ganz Mannheim.

Der Wasserturm 1893

WENN DER WASSERTURM ERZÄHLEN KÖNNTE

Die fast „unendliche Geschichte" von der Versorgung der stets ansteigenden Bevölkerung Mannheims mit sauberem Trinkwasser begann schon mit der Stadtgründung im Jahre 1607. Aus kleinsten Anfängen heraus stieg die Einwohnerzahl von zunächst nur 1200 auf ca. 3000 Mitte des 17. und auf 5000 zu Beginn des 18. Jahrhunderts, um nach der Industriellen Revolution, als Mannheim seinen imposanten Aufstieg zur prosperierenden Industrie- und Handelsstadt erlebte, bis zum Jahr 1900 auf über 130 000 hochzuschnellen.

Nach den teils kuriosen, stets scheiternden Versuchen für eine Versorgung der Bevölkerung mit reinem, die Gesundheit erhaltendem Trinkwasser kam dann Mitte des 19. Jahrhunderts die Wende. Die erfundene

Oskar Smreker

Dampfmaschine und der Aufschwung der Ingenieurwissenschaften ließen endlich Hoffung aufkommen, das nicht enden wollende Problem ein für allemal zu lösen.

Dass es auch in dieser Phase der Mannheimer „Wassergeschichte" zu kuriosen Ereignissen kam, ist für Mannheim nicht überraschend. Im Mittelpunkt dieser Geschichte steht der von außerhalb nach Mannheim gekommene, aus der Steiermark stammende und 1854 geborene Ingenieur Oskar Smreker, der in Mannheim durch sein umtriebiges, professionelles Handeln und solide Ingenieurleistungen einen sagenhaften beruflichen und gesellschaftlichen Aufstieg „hinlegte" und für Jahre einen gesellschaftlichen Mittelpunkt des großbürgerlichen und vornehmen Lebens der Oststadtbewohner bildete.

Dieser Mann, der heute in Mannheim so gut wie unbekannt ist, veranlasste Grundwasserbohrungen wie schon einige vor ihm, nicht aber mitten in der Stadt, sondern rund um Mannheim. Die Tiefbohrung im Käfertaler Wald erwies sich als „Volltreffer". Von hier, so sein Plan, wollte er mit der Kraft von Dampfmaschinen das Grundwasser hochpumpen und nach Mannheim leiten. Ein eigens zu bauender Hochbehälter, der am Heidelberger Tor, also an der Stelle des heutigen Wasserturms, geplant war, sollte mögliche Verbrauchs- und Druckschwankungen ausgleichen. Die in Anschlag gebrachten geschätzten Kosten stellten sich zwar im Nachhinein als allzu optimistisch heraus, was im Hinblick auf kommu-

Friedrichsplatz während der Internationalen Kunst- und Gartenbauausstellung 1907

nale Projekte bis auf den heutigen Tag immer wieder zu beobachten ist, doch wurden Smrekers Pläne, die er Ende 1884 dem Stadtrat vorlegte, wohlwollend angenommen und in kurzer Zeit in die Tat umgesetzt.

Unter den teils seltsamen Skizzen des zu bauenden Smrekerschen „Hochreservoirs" gewann der erst 23 Jahre alte Stuttgarter Gustav Halmhuber in einem ausgeschriebenen Wettbewerb den ersten Preis. Schon im Jahre 1889 war der Turm vollendet. Wenn man die unzähligen Wassertürme, die in deutschen Dörfern und Städten stehen, betrachtet, dann sticht der Mannheimer Wasserturm in seiner filigranen Gestalt als einziges Kunstwerk hervor. Dem jungen, damals noch völlig unbekannten Architekten aus Stuttgart war ein großer Wurf gelungen.

Historikern erschließen sich geschichtliche Ereignisse, die, obwohl völlig unabhängig voneinander, oft zeitgleich abgelaufen sind, oft erst später. So ist auf der Straße um das Quadrat T 6, wo 1886 kurz zuvor die Röhren für die neue Wasserleitung verlegt worden wa-

Jubelfeier 1907 zum 300-jährigen Stadtjubiläum

ren, der Mannheimer Carl Benz mit seinem „Auto", dem ersten der Menschheit, zum ersten Mal aus seiner Werkstatt gerollt, um eine erste Probefahrt um sein Quadrat zu unternehmen. Dem zu diesem Zeitpunkt 32-jährigen Smreker war der herrliche Entwurf des um fast zehn Jahre jüngeren Architekten viel zu aufwändig und er ließ nichts unversucht, dem Stadtrat immer wieder die für ihn als Techniker unnötigen Beigaben wie Freitreppen, Balustraden und sonstigen Zierrat auszureden, um Kosten zu sparen. Doch wurden zum Glück alle seine Vorstöße „abgeschmettert". Wäre es nach dem Ingenieur Smreker gegangen, stünde heute vielleicht noch ein profaner Zweckbau mitten in der Stadt, und die Mannheimer hätten sich ein anderes Wahrzeichen suchen müssen.

Der erfolgreiche Wasserbauingenieur wurde fürstlich entlohnt und steckte ein Honorar von insgesamt 35000 Mark ein. Der schon zuvor in anderen Städten tätige Smreker war ein gemachter Mann und konnte

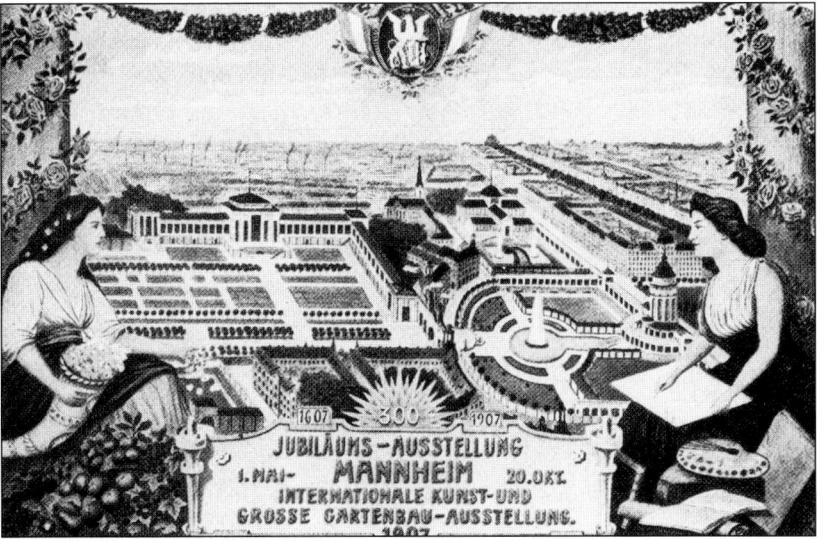

Jubiläumsausstellung 1907

sich in Mannheim bald standesgemäß und in feiner Gesellschaft etablieren. Und der Wasserturm? Der stand einsam in der Wüste. Zur Stadt hin gab es nur vereinzelte Bebauung, nach Osten überhaupt keine. Doch in den so genannten Gründerjahren ging es schnell voran. Die Stadt wuchs in alle Richtungen, auch nach Osten. Hier lockten die unbebauten Auen der Kuhweide und des Rosengartens. Hier sollte die Stadt ein Nobelquartier bekommen, passend zum einsam stehenden und so herrlich gebauten Wasserturm.

Auf dem Reißbrett entstand mit Zirkel, Lineal und Winkelmesser die heutige Symmetrie des Friedrichsplatzes und seiner prächtigen Umgebung. Man schaute nach Rom und nahm sich den alle Dimensionen sprengenden Petersplatz vor dem Petersdom zum Vorbild. Was dem Stadtgründer Kurfürst Friedrich IV. 1606 recht war, sollte jetzt dem mächtig aufgestiegenen Bürgertum billig sein. Die halbkreisförmigen Arkadenbauten und

Smrekersche Villa Werderstraße 40

die beiden präzise an die Längsseiten gesetzten städtebaulichen Glanzpunkte Rosengarten und Kunsthalle sorgten für einen geschlossenen Rahmen für den von dem französischen Gartenbauingenieur Le Nôtre gezirkelten unten liegenden Park mit seiner Wassertreppe und den mächtigen Fontänen.

Die Zeit drängte: Das 300. Stadtjubiläum für das Jahr 1907 stand bevor und sollte glanzvoll begangen werden.

Zwischen den beiden Kolonnadenhäuserreihen entstand ein Stadttor, das nach Osten in die Augusta-Anlage führte. Die Straßen für die Oststadtbebauung waren aufgeschüttet und mit den ersten Villen bebaut worden. Auf dem Werderplatz wurde im Jubiläumsjahr der Grundstein für die zu bauende Christuskirche gelegt, die vier Jahre später eingeweiht wurde.

Die große Jubiläums-Ausstellung, die rund um den

Wasserturm und entlang der Augusta-Anlage im Jahre 1907 stattfand, war ein nationales und internationales Ereignis, wie es die Stadt Mannheim weder davor noch danach je erlebt hat.

Doch das Wahrzeichen all dieser Feierlichkeiten war der Wasserturm, der über das Gewimmel von Menschen schaute, die sich zu seinen Füßen einen ganzen lieben Sommer lang ergötzen. Bald fünf Millionen sollen es insgesamt gewesen sein.

Doch zurück zu Oskar Smreker, dessen Nachname für Mannheimer „Bloomäuler" kaum auszusprechen ist. Er gehörte zum siebenköpfigen Ausstellungsvorstand. Der feine Herr, der in ganz Europa Wasserwerke zuhauf hatte entstehen lassen, war das geworden, was man landläufig einen „gemachten Mann" nennt. Er nahm in Mannheim seinen festen Wohnsitz und heiratete eine schöne Sängerin mit dem Künstlernamen „Mella Fiora", für die er in der Oststadt eine prächtige Villa im florentinischen Stil erbauen ließ. Dieses Haus wurde bald zu einem gesellschaftlichen Mittelpunkt der höheren Mannheimer Gesellschaft. Oskar Smreker und seine Gemahlin Mella Fiora sind längst in Vergessenheit geraten. Geblieben sind die Villa in der Werderstraße Nr. 40 und eben der Wasserturm, den die Mannheimer von Anfang an geliebt haben und noch so lange lieben werden wie er steht.

Oststadt um 1911

OSTSTADT-IMPRESSIONEN

Wenn ein alteingesessener Oststadtbewohner, der sein ganzes Leben in diesem Mannheimer Stadtteil verbracht hat, zu erzählen anfängt, dann wird es dem Zuhörer nicht langweilig.

Der zentrumsnahe Stadtteil, der sich vom Friedrichsring weit nach Osten bis zur Riedbahnstrecke hinzieht, diente über Jahrzehnte und teilweise noch heute als repräsentatives Wohngebiet für die Mannheimer „Hautevolee". Hohe Herren der Mannheimer Gesellschaft, die es in der aufstrebenden Industrie- und Handelsstadt Mannheim zu Ruhm und Reichtum gebracht hatten, manifestierten hier ihre Wohlhabenheit in prächtigen Stadtvillen oder reich verzierten, mehrstöckigen Stadthäusern mit hohen Räumen, Stuckdecken und einer „belle étage", in der sie selbst residierten.

Die Oststadt war immer ein Vorzeigeviertel. Wenn man Mannheim von der Autobahn aus Richtung Heidelberg kommend erreicht und das einmal als schönste Autobahneinfahrt Deutschlands bezeichnete Autobahnende hinter sich hat, fährt man durch die Augustaanlage direkt auf das Wahrzeichen der Stadt zu, den berühmten Wasserturm. Die wie eine badische Champs-Elysées anmutende kerzengerade, doppelte Prachtstraße ist noch immer von teils gewaltigen Prachtbauten gesäumt und stößt auf den wie die alte Residenzstadt hufeisenförmig gestalteten Friedrichsplatz, der von der größten in sich geschlossen Jugendstilanlage Deutschlands eingerahmt wird. Diese Ost-West-Achse zieht sich, vom alles überragenden Wasserturm unterbrochen, durch die Planken, die Mannheimer Renommier-Meile, bis zum ehemaligen Rheintor und verliert sich in den profanen Hafengebieten der Mühlauinsel.

Die Bebauung rund um den Wasserturm zeigt unser alter Oststadtbewohner seinen Besuchern besonders gern und weist sie auf die ausgeklügelte Symmetrie hin, welche die Stadtplaner hier einst walten ließen. Von Goethes Mannheim-Eindruck einer „gleich und heiter gebauten" Stadt angesteckt, entstand das in rotem Sandstein ausgeführte, mit Arkaden versehene Ensemble im Halbkreis um den Friedrichsplatz mit seinen hoch oben liegenden, verglasten Wohnpavillons an den Eckpunkten zu beiden Seiten der hier beginnenden Augustaanlage. Der Stadtteilführer zeigt seinen Begleitern den Rosengarten mit der prächtigen Sandsteinfassade und die genau gegenüber im Jahre 1907 eingeweihte, wie ein Denkmal wirkende Kunsthalle. Er vergisst auch nicht, die wie in einer Querachse sich befindenden beiden Kirchen, die Heilig-Geist- und die herrlich gebaute Christus-Kirche zu zeigen, die wie der Wasserturm und der Rosengarten nachts angestrahlt wird und Mannheim auch heute noch zum Leuchten bringt.

Auch von unbedeutenderen Gebäuden und deren Bewohner weiß unser Stadtteilführer zu berichten, wie z.B.

Christuskirche, erbaut 1911

vom Architekten Hitlers und späteren Rüstungsminister Albert Speer, der in einem noch existierenden Haus in der Stresemannstraße das Licht der Welt erblickte. Hier hat er die erste Phase seiner Kindheit verbracht.

Die Rathenaustraße stößt, inzwischen als „Sackgasse" abgehängt, unmittelbar auf das Neue Nationaltheater. In dieser Straße wohnte Anfang der 50er Jahre die einzige deutsche Schlagersängerin, die es zu Weltruhm gebracht hat, nämlich Caterina Valente.

„Seine" Christuskirche, jene wunderbare kreisrunde Kuppelkirche am Werderplatz, legt der Stadtführer seinen Begleitern besonders ans Herz, nennt sie den Mannheimer Petersdom und deutet nach oben auf die Kuppelspitze, wo der vergoldete Posaunenengel über „seine" Oststadt blickt. In dieser Kirche ist er getauft

Pfarrer D. Paul Klein   *Pfarrer Dr. Hans Hoff*
(1871–1957)   *(1864–1939)*

und konfirmiert worden, hier wurde er getraut, und er erzählt die Anekdote der beiden Pfarrer von der West- und der Ostpfarrei, die sich wegen ihres Namens immer wieder „gekäppelt" hätten.

Die beiden Gemeinden der 1911 eingeweihten Christuskirche verwalteten zwei Pfarrer: Dr. Hans Hoff die Ost- und Pfarrer D. Paul Klein die Westpfarrei, Hoff bis 1933, Klein bis 1930. In der Familie unseres alten Oststädters wurde immer wieder die folgende Anekdote erzählt:

Der jüngere Klein schob einmal Hoff ein Zettelchen zu, worauf stand: „Lied 361, Strophe 6". Der neugierig gewordene Hoff schlug nach und las: „Hoff, o du arme Seele!" Den Älteren ließ dieser originelle Hinweis nicht länger ruhen, bis er dem Mitbruder eines Tages zuraunen konnte: „Lied 249, Strophe 1." Und der nun ebenfalls neugierig Gewordene las in seinem Amtszimmer: „Verzage nicht, du Häuflein klein!"

Der jetzige Pfarrer Dr. Matthias Meyer, der sein Gotteshaus über alles liebt und inzwischen bester Kenner seiner Geschichte ist, führt interessierte Besucher gern durch die Kirche und steigt mit ihnen hoch hinauf in die Kuppel. Er war es auch, der mit Hilfe von Sponsoren die Brunnen wieder aktiviert und die Christuskirche zum Leuchten gebracht hat.

Der unermüdlich ausschreitende Stadtführer erzählt vom alten Luisenpark mit dem Kutzer-Weiher, dem alten Planetarium und dem Pflanzenschauhaus, das schon vor der Bundesgartenschau im Jahre 1975 gestanden hat. Alles sei bescheidener gewesen als heute, aber auch schön und frei zugänglich.

Auf dem Rückweg kommt der fleißige Geschichtenerzähler dann aber doch ein wenig ins Grübeln und verfällt ins Mäkeln. Mit manchen Bauentscheidungen der Stadt ist er nicht zufrieden. Zwischen Victoria- und Maximilianstraße hat sich eine Versicherung ganz schön breit gemacht. In wenig ansehnlichen schieferverkleideten Zweckbauten und dem Koloss auf dem Gelände der alten Warner-Klinik ist seine Oststadt nicht unbedingt schöner geworden. Auch die wie ein Zauberschloss in unvorstellbarer Pracht errichtete alte Röchling-Villa ist der Abrissbirne zum Opfer gefallen. „Sie galt als nicht denkmalschutzwürdig", murmelt er kopfschüttelnd, und man fühlt, dass ihn dieser Verlust fast ein wenig traurig macht.

Doch umso strahlender werden seine Augen, wenn er die alte, zum großen Teil noch stehende Lanz-Villa an der Otto-Beck-Straße vorstellt und von einer Mannheimer Villa Hügel spricht, weil sie ein bisschen an den berühmten Krupp'schen Wohnsitz über der Ruhr erinnert. Und gleich um die Ecke zeigt er die am Luisenpark stehende, monumentale Villa der Lanz'schen Schwiegertochter Giselle, geborene Giulini.

Es gibt ja noch so viel zu entdecken hier, und er zeigt vergnügt auf die vielen großen und kleinen, in ihrer alten

Villa Lanz 1913

Pracht dastehenden Häuser, die sich Mannheimer Großbürger hier erbauen ließen. Belustigt verweist er auf ihre
zwei Eingänge, der große für die Herrschaften und der
kleine, sich oft seitlich befindende, für das Dienstper-
sonal, das es früher noch reichlich gab und sich etwas
abzuschotten hatte von der so hoch stehenden Familie.
Im Souterrain zu wohnen, das hatte damals auch eine
klassenspezifische Bedeutung.

Dann ist's aber genug. Der kundige Führer sucht
mit seinen Gästen seine eigene Behausung auf, lädt
zu Kaffee und Kuchen und hat noch viele Fragen zur
Geschichte der Mannheimer Oststadt zu beantworten.
Doch das ist ihm nicht lästig. Er macht es gern.

Rheinbrücke 1946

„MIR HAWWE JO NIX G'HABT, AWWER SCHÄ WAR'S DOCH!"

Die heutigen Mitte der 60 und Anfang der 70 stehenden Mannheimer ertappen sich immer häufiger dabei, dass sie genau das tun, was sie in ihren frühen Jahren an ihren Vätern und Müttern oft auf die „Palme" gebracht hat: Sie erzählen von früher.

Diese Generation, die in den 40er und 50er Jahren aufgewachsen ist, wurde von der Kriegs- und Nachkriegszeit geprägt, die man nun, nachdem sie lange vorbei ist, zunehmend verklärt.

Es war in der Tat eine besondere Ära. Die letzten Kriegstage gingen ihrem Ende entgegen, die letzten Brücken über den Neckar wurden gesprengt und konnten doch nicht die Einnahme der Stadt durch die Amerikaner verhindern.

Die Q-Quadrate 1945

Die Innenstadt und weite Vorstadtgebiete lagen in Trümmern. Die Kinder, die mit ihren Familien in Mannheim
ausgeharrt und nicht irgendwo auf dem sicheren Lan-
de das Kriegsende abgewartet hatten, krochen aus den
Luftschutzkellern und machten sich mit den Erwachsenen ans Aufräumen. Die Väter, die Krieg und Gefangen-
schaft überlebt hatten, kehrten allmählich zurück. Viele
aber auch nicht, so dass manches Kind als Halbwaise
durchs Leben gehen musste.

Die Kinder in der Innenstadt und den zentrums-
nahen Gebieten hausten mit ihren Familien in notdürf-
tig hergerichteten Ruinenresten und Kellern. Es gab
Schulspeisungen und manchmal etwas Warmes in einer
Suppenküche der Heilsarmee, die mit amerikanischer
Hilfe die größte Not linderte.

Spielplätze für Kinder gab's keine, waren auch gar
nicht nötig, denn die Trümmerlandschaft bot unermess-

lich viele Gelegenheiten zu abenteuerlichen Spielen. In den G-Quadraten stand fast kein Haus mehr. Hier kreuzten die Straßen eine Mondlandschaft. Mittendrin stand die Baracke des CVJM, die die Amerikaner aus Spenden errichtet hatten. Hier fand manch Mannheimer „Trümmerbub" eine Heimat. Die Gruppenheimabende waren gut besucht, mancher kam auch von weiter weg mit seinem selbst zusammengebauten Drahtesel, an dem man ständig herumschrauben musste, dass er nicht zusammenklappte. Die Kunst der Improvisation war gefordert, denn etwas Neues war nirgends zu bekommen. Beim CVJM gab es Ami-Zelte, Schlafsäcke, Kochgeschirr und Ponchos, und es dauerte nicht lange, bis man das Wochenende in einem Zeltlager im Odenwald oder im Pfälzer Wald verbrachte und ein bisschen Lagerfeuerromantik erlebte. Das alles verdankte man den Amerikanern, denen Erwachsene zum Teil mit Skepsis begegneten, zumal, wenn es sich um Farbige handelte. Da mag die unsägliche zwölf Jahre dauernde Nazi-Zeit eine Rolle gespielt haben. Ganz ewig Gestrige pinselten nachts, mit Farbeimer und Pinsel bewaffnet, immer die gleiche Parole an Mauern und marode Hauswände: „Ami go home!"

Die Mannheimer Kinder konnten das überhaupt nicht nachvollziehen, waren doch die amerikanischen Soldaten ihre besten Freunde, die sie aus ihren Jeeps heraus mit Schokolade und Kaugummi beschenkten, wobei die farbigen noch weit netter und großzügiger waren als die weißen.

Vereinzelte „Glückspilze" unter den Buben hatten ihren „amerikanischen Freund", dem sie täglich begegneten, und der schon einmal am Sonntag dem draußen Wartenden heimlich ein vollständiges Mittagessen mit Braten, Kartoffeln, Gemüse und Sauce aus dem Casino

„schmuggelte", das der so Beschenkte stolz nach Hause trug, wo die Familie vor ihrer mit der Lebensmittelkarte erworbenen kärglich zusammengestellten Sonntagsration saß.

Das Leben der Kinder spielte sich vorwiegend draußen ab. Es wurde viel gekickt, entweder „Kellerlöchels", wobei man keinen Torwart benötigte, denn das Tor bildete ein Kellerfenster. Auf staubigen Ödflächen bildeten je zwei Backsteine die Torpfosten und die Tor-Schreie hallten weithin. Den Ball musste man zunächst selbst herstellen. Man zerknüllte Zeitungspapier zu einer festen Kugel, schnitt runde Gummis aus alten Fahrradreifen und wickelte diese so lange um die Papierkugel, bis ein ansehnlicher Fußball entstand.

Buben in der Neckarstadt gingen später immer mal wieder zur Firma Felina in der Lange-Rötter-Straße, wo zu ebener Erde unverhangene Fenster den Blick ins Innere freigaben. Puppen mit eleganten Miedern, BHs und Höschen waren da zu sehen, und manch ein Bub hat sich an den Fenstern die Nase platt gedrückt. Die amerikanischen GIs waren ihre ersten Idole. In ihrer lässigen Art, in den eleganten Uniformen, der Lucky Strike zwischen den Lippen und den imponierenden Jeeps und Straßenkreuzern und dem ewigen Kaugummi im Mund wurden sie zu Vorläufern der späteren „Halbstarken"-Zeit, wo auch in Mannheim Bill Haley, Elvis, James Dean und Marlon Brando zu den Rebellen gegen die miefige Erwachsenenwelt wurden und eine ganze Generation ihr Leben lang prägen sollten.

Im Herbst wurden Drachen gebaut, oft riesige Ungetüme, die starr am herbstlichen Himmel standen und mordsmäßig „Zug" hatten. In der Not erstand man mit Glück zwei Holzlättchen, Drachenschnur und farbiges Papier. Mit Klebstoff sah es lange Zeit schlecht aus, doch

„Halbstarke" in den 50er Jahren

wusste man sich zu helfen und rührte in Mutters Küche Mehl mit Wasser zu „Mehlpapp" und klebte damit das Drachenpapier zusammen.

Im Winter ging's mit den „Schraubendampfer" oder „Absatzreißer" genannten Kufen auf die gespritzten Eisflächen. Gab es Schnee, waren sämtliche „Berge" in Mannheim voll Schlittenfahrern, ob auf dem „Monte Goggolo" beim Lindenhof zwischen Schloss und Rhein oder an den steilen, „gefährlichen" Dämmen des Neckars. Die Mädchen fuhren im Sitzen, die Buben aber rasant wie Skeleton-Fahrer mit dem Kopf nach vorne. Sie machten den „Bauchplatscher" und lenkten ihre Schlitten tollkühn durch die Menge, wobei sie ihre Schuhspitzen schleifen ließen, was häufig ihr einziges Paar Schuhe ruinierte. Die Kleidung der Buben war recht einheitlich. Ein dicker, von der Großmutter aus Resten gestrickter Wollpullover mit Norweger Muster, ausgebeulte, oft zu große Trainingshosen mit Gummizügen und die obligatorische, dunkelblaue Skimütze, die mancher verwegen mit dem Schirm nach hinten trug.

Schlitten fahren am Neckardamm (frühe 50er Jahre)

Im Hochsommer traf man sich zum Baden am Rhein, am Industriehafen oder am Neckar, aber auch am Mannheimer Strandbad, wo die schon etwas älteren Semester lässig auf ihrem mitgebrachten „Debbisch" auf den Betonstreifen neben der Strandpromenade lagen und die vorbeipromenierenden, leicht bekleideten Strandbadschönen begutachteten. An den Strandhäuschen gab's in späteren Jahren auch was zu kaufen. Aber dafür reichte das Taschengeld nicht, so dass man sich mit dem von Mutter geschmierten Leberwurstbrot und selbst gemachter Waldmeisterbrause zufrieden gab.

Und sonntags? Da ging man ins Kino, entweder in eines der alten oder aus den Trümmern neu entstandenen in der Stadt oder in eines der Vororte. Um 3.00 Uhr war Jugendvorstellung und für 40 Pfennig saß man im ausverkauften Saal unter kleinen und größeren Kindern und sah Zorro, Tarzan, Ivanhoe oder einen meist in Schwarz-Weiß gedrehten Western mit Fuzzy oder Jesse James, und wenn der edelmütige Westernheld in größter

Bedrängnis war, wurde es mucksmäuschenstill im Kino, bis sich hinter den Hügeln die berittenen Retter zeigten, was die Kinder so freute, dass sie von ihren Klappsitzen aufsprangen, in ein ohrenbetäubendes Freudengeschrei verfielen und skandierend die Arme zur Leinwand reckten.

Am Montagmorgen sah man dann vor der Schule von am Sonntag daheimgebliebenen Kindern umringte acht oder zehn Jahre alte Buben, die so lebendig den gesehenen Film erzählten, dass die Zuhörer gebannt lauschten und den aufregenden Western erlebten, ohne im Kino gewesen zu sein.

Wenn sich heutige in die Jahre gekommene Mannheimer treffen und von früher reden, bemerkt immer mal wieder einer, wie dankbar er sei, zur ersten Generation zu gehören, die in ihrem Leben keinen Krieg mehr erleben musste. Und wenn sie von ihren Kindheitstagen in Mannheim erzählen, dann fällt schon einmal der Satz: „Mir have jo nix g'habt, awwer schä war's doch!"

„KAAF MER EBBES AB!"

Die Geschichte
eines Mannheimer Originals

Peter Schäfer,
der „Blumepeter"

Ein Mannheimer, der für Jahrzehnte die Identifikationsfigur für die Bevölkerung dieser Stadt war, ist der „Blumepeter". Hinter dem Mannheimer Original mit dem oft derben Humor, verblüffender Schlagfertigkeit, gepaart mit Naivität und gesundem Menschenverstand verbirgt sich allerdings ein armer Kerl, der es ohne seine schwere geistige und auch körperliche Behinderung nie zu einer solchen Berühmtheit gebracht hätte. Diese lange „unter dem Deckel" gehaltene Tatsache konnte die Mannheimer nicht davon abhalten, im „Blumepeter" ihre Identifikationsfigur zu sehen, dessen humorige Sprüche so wenig aus ihrer Stadt wegzudenken waren wie der Paradeplatz, der Wasserturm oder der Neckar.

Der „Blumepeter" hieß mit bürgerlichem Namen Peter Schäfer, wurde am 5. April 1875 in Plankstadt (heute im Rhein-Neckar-Kreis) geboren und starb am 15. Juni 1940 in Wiesloch bei Heidelberg. Der kleine Mann, der an einer Unterfunktion der Schilddrüse litt, war körperlich und geistig stark behindert. Seine Mutter war die ledige Tagelöhnerin Barbara Berlinghof, sein Vater unbekannt. Später heiratete die Mutter einen Joseph Schäfer, der das Kind als das eigene anerkannte und ihm seinen Nachnamen gab.

Die Familie zog nach Mannheim, wo man Peter zur Aufbesserung der Haushaltskasse als Blumenverkäufer durch die Quadrate schickte. Wenn er verloren mit einem Blumenstrauß am Straßeneck stand oder in den

Lokalen auftauchte und sein Sprüchlein „Kaaf mer ebbes ab!" aufsagte, wird so mancher Mannheimer seine
Späße mit dem „armen Teufel" gemacht haben, und es
ist nicht auszuschließen, dass er durch Rede und Gegen-
rede für manche Situationskomik sorgte, die bei seinen
Zuhörern zu schallendem Gelächter führte.

Im Grunde haben sich die Mannheimer aus dem
kleinen, stadtbekannten Blumenverkäufer eine Figur geschaffen, in die sie ihren ganzen Kurpfälzer Humor und
ihren Hang zum grobschlächtigen „Sprücheklopfen" gelegt haben. So entstanden die nicht mehr zu zählenden
„Blumepeterwitze", die auch heute noch von Mannheimer Kindern und Erwachsenen gerne erzählt werden.

Stellvertretend für alle die folgenden zwei:

Blumepeter fährt Straßenbahn
Peter fährt immer mal ein Stück mit der Straßenbahn
vom Neckartor zum Paradeplatz. Der Schaffner ruft
„Rathaus". Peter aber hört „Rad (her)aus und springt
eilig aus dem Waggon.

Das geschieht noch an einem weiteren Tag.

Doch als der Schaffner bei der dritten Fahrt wieder
„Rathaus" ruft, da bleibt Peter seelenruhig auf seinem
Platz und sagt:

„Schrei du norr! Misch griggscht nimmer dran!"

Peter und sein Knoddelwägelchen
Um für ein gutes Gedeihen der Blumen zu sorgen,
schickte man Peter in seiner Freizeit mit einem Wägelchen zum Aufsammeln von Pferdeäpfeln auf die Mannheimer Gassen. Dummerweise kam ihm eines Tages sein
Wägelchen abhanden. Peter suchte stundenlang und
kam am Abend an den Neckardamm, wo auf einer Bank
ein Liebespärchen saß. Im Vorbeigehen hörte Peter den

Denkmal auf den Kapuzinerplanken

jungen Mann zu seiner Angebeteten sagen: „In deinen Augen seh' ich die ganze Welt."

Da rief Peter: „Siescht aa mei Knoddelkärchel?"

Alljährlich feiert Mannheim sein „Blumepeterfest" auf den Kapuziner-Planken. Mannheimer Bürger veranstalten dazu eine Spendenaktion unter dem Motto „Wir wollen helfen" und schenken ehrenamtlich Essen und Getränke aus. Die durch große und kleine Beträge im „Mannheimer Morgen" öffentlich gemachten Spender ermöglichen die Hilfe für manche benachteiligte und in Not geratene Bürger in Mannheim.

Gleich nebenan steht die von Gerd Dehof geschaffene Bronzefigur, die den verschmitzt dreinschauenden „Blumepeter" gegenwärtig werden lässt. Immer hat er ein frisches Blümchen in der Hand, und wenn man beim Einkaufen in den Quadraten vor ihm stehen bleibt und einmal kurz innehält, dann hört man ihn ganz leise sagen: „Kaaf mer ebbes ab!"

Von links nach rechts:
Obere Reihe: Langlotz, Löttke, de la Vigne, Müller, Keuerleber, Henninger;
untere Reihe: Maier, Rößling, Jöckel, Bolleyer, Stiefvater

VfR-Meistermannschaft 1949

„BUWE" UND HEWWEL":

Ein Blick zurück in die Mannheimer Fußballgeschichte

Von Henry Kissinger, dem früheren Außenminister der USA, ist bekannt, dass er sich jeden Montag eine eingeflogene Nürnberger Zeitung an seinen Schreibtisch bringen ließ. Er hatte seine Kindheit in Fürth verbracht und die Liebe zu seinem Fußballverein, der Spielvereinigung Fürth, nie abgelegt. So geht es auch vielen alten Mannheimern. Wenn sie in einer Innenstadtkneipe oder einem Wirtshaus in einem der Vororte zusammensitzen und im Gespräch zum Thema „Fußball" kommen, dann geht wieder die Sonne auf über glorreiche Mannheimer Fußballzeiten.

Für die „alten Knaben" ist es so lange gar nicht her, dass sich Spieler und Anhänger der beiden Mannheimer Renommier-Vereine SV Waldhof und VfR Mannheim ihren endlosen Konkurrenzkampf lieferten um die Vormacht im Mannheimer Fußball. Die betagteren Stammtischbrüder haben noch Otto Siffling gekannt, den wohl begnadetsten Fußballer, den Mannheim hervorgebracht hat. Am 20. Oktober 1939 starb er, noch keine 28 Jahre alt, an einer schweren Krankheit; über 2000 Menschen folgten seinem Sarg. Auf dem Waldhof ist ihm zu Ehren die Otto-Siffling-Straße gewidmet.

Otto Siffling

Der Waldhof-Bub, auf dem Waldhof geboren, spielte in den 30er Jahren 31-mal in der Nationalmannschaft und erzielte dabei 17 Tore. Er stand auch in der legendären „Breslau-Elf", die 1937 Dänemark mit sage und schreibe 8:0 vom Platz schickte. Siffling war der Matchwinner. Als „Reichstrainer" fungierten Otto Nerz und die zweite Mannheimer Fußballlegende Joseph (Seppl) Herberger. Der waschechte Waldhofbub stammte aus einfachsten Verhältnissen und wuchs auf der Spiegelfabrik (der „Spiggel") auf dem Luzenberg auf. 1954 wurde er zum Vater des „Wunders von Bern".

Dem legendären Fußballtaktiker, der auch wegen seiner Kurpfälzer Sprüche („Der Ball ist rund", „Ein Spiel dauert 90 Minuten") so berühmt wurde, war schon als Junge das Kicken auf der Straße wichtiger als das Erledigen seiner Hausaufgaben, und das sehr zum Verdruss seiner Mutter. Er spielte natürlich beim SV Waldhof und war lange vor Siffling Nationalspieler. Ins Zwie-

licht geriet der Seppl, als er für Geld zum Erzrivalen VfR
Mannheim wechselte, was damals, als es noch keine of-
fiziellen Profis gab, ein Riesenskandal war und mit einer
Sperre bestraft wurde. Der Autodidakt Herberger ging
später nach Berlin, studierte Sport an der Sporthoch-
schule und wurde Trainer beim Deutschen Fußballbund.
Sein Examenszeugnis weist gute Noten aus; nur im Fach
Psychologie haperte es ein wenig, was doch sehr erstaun-
lich ist bei einem Mann, der später so genial die Mannschaft von Bern vom krassen Außenseiter zum „Wir sind
wieder wer"-Triumph führte.

Doch wirkliche Mannheimer Fußballgeschichte
schrieb nicht der SV Waldhof, sondern der VfR Mannheim.
Die auch heute noch von eingefleischten Waldhofanhän-
gern als „Hewwel" bezeichneten VfRler kickten damals an ihrer alten Heimstätte „An den Brauereien" im
Wohlgelegen. 1949 hatten sie sich in der Oberliga Süd
für die Endrunde um die Deutsche Fußballmeister-
schaft qualifiziert, eilten von Sieg zu Sieg und schlugen
im Endspiel am 10. Juli 1949 im mit 90000 Zuschauern
restlos ausverkauften Stuttgarter Neckarstadion Borus-
sia Dortmund mit 3:2. Löttke hatte die 1:0-Führung der
Dortmunder ausgeglichen, Langlotz das 2:2 erreicht. In
der Verlängerung schaffte „Sturmtank" Löttke in der
108. Minute den sensationellen Siegtreffer für den VfR,
den ersten deutschen Fußballmeister der gerade erst ge-
gründeten Bundesrepublik.

Die Fußballbegeisterten der 50er Jahre kommen
noch heute ins Schwärmen, wenn sie vom Torwart Jöckel erzählen oder von Stiefvater, Bolleyer und de la
Vigna, den sie noch heute liebevoll „Bella" nennen.
In der Begeisterung scheint sich damals sogar der SV
Waldhof mit dem ungeliebten „Bruderverein" gefreut
zu haben, was die Zeitungsmeldung vom 12.7.1949 be-

weist, die vom glorreichen Empfang der Mannschaft in
Mannheim berichtete:

> „Als besonders schöne Geste sportlicher Ritterlich-
> keit waren vor allem zwei Fahrzeuge des SV Waldhof
> empfunden worden, die sich dem Zug angeschlossen
> hatten und mit großen Plakaten ihrem großen Bru-
> derverein zum großen Sieg gratulierten".

Noch einmal wurde in der ehemaligen Fußballhochburg
Mannheim Fußballhistorie geschrieben. Das Kurpfälzer Original Klaus „Schlappi" Schlappner schaffte mit
seinen „Waldhof-Buben" 1983 den Aufstieg in die 1.
Bundesliga und sorgte dort durch die frische Spielweise
seiner Mannschaft und mit seinen eigenen kecken Sprü-
chen bundesweit für Furore. Nach sieben Jahren war das
„Wunder Waldhof" zu Ende, und es begann der unauf-
haltsame Abstieg des Mannheimer Fußballs. Unverges-
sen die Kutschenfahrt von „Schlappi" auf den Waldhof
im Sommer 1983 und viele große Spiele im Ludwigshafener Südweststadion, später wieder am heimischen
Alsenweg. Mannheimer glorreiche Fußballzeiten, wohin
sind sie entschwunden?

Schlappi auf der Kutsche

DIE MANNHEIMER UND „IHR" THEATER

Seit der Uraufführung von Schillers „Räubern" hat
das Mannheimer Nationaltheater viele glanzvolle
Erstaufführungen gesehen. Es ist eine alte Liebe, welche
die Mannheimer mit ihrer Schillerbühne bis heute verbin-
det. Das verbreitete Interesse an Bildung und Kultur bis
hinunter zu den bildungsfernen Bevölkerungsschichten
hat die Stadt an Rhein und Neckar nicht zum geringsten
Teil ihrem Theater zu verdanken, einem der wenigen in
kommunaler Trägerschaft, die es heute noch gibt.

Die letzte Aufführung im alten Nationaltheater fand
am Abend des 5. September 1943 mit dem „Freischütz"
statt. In der Nacht zum 6. September erfolgte ein schwerer
Luftangriff. Als das ehrwürdige Gebäude neben der Je-
suitenkirche unter dem Bombenhagel der Alliierten in
sich zusammengesunken war, richtete man ein Notquar-
tier in der „Schauburg" in K 1 an der Breiten Straße ein
und startete 1945 mit einfachsten Mitteln und bewun-
dernswerter Improvisationskunst einen Neuanfang.

Als 1956 dann das neue Nationaltheater modern
und großzügig auf dem Goethe-Platz entstanden war,
dachte man auch an die vielen Mitglieder der Theater-
gemeinde, die in alle Himmelsrichtungen mit den all-
abendlich verkehrenden Sonderwagen der Straßenbahn
von den großzügig dimensionierten Haltestellen aus ihre
Heimfahrt in die Vororte antraten. Die rumpelnden alten
Straßenbahnen fuhren ohne Anhänger ihrem Ziel entgegen und brachten die oft diskutierenden, manchmal
auch disputierenden Theaterliebhaber vom Schauspiel
im Kleinen oder der Oper im Großen Haus zur wohlver-
dienten Nachtruhe.

Das Nationaltheater hatte immer wieder große
Schauspieler auf seiner Bühne gehabt. Iffland und Bas-

Das alte Nationaltheater 1945

sermann sind Beispiele aus den frühen Jahren, Radatz und Birgel aus späteren Zeiten. Wenn das Mannheimer Publikum einen Schauspieler ins Herz geschlossen hatte, dann zeigte es seine Verehrung spontan, auch wenn dies den geplanten Ablauf der Inszenierung durcheinander brachte. In den 50er Jahren war es der begnadete Schauspieler Walter Pott, der beim ersten Betreten der Bühne erst einmal einen tosenden Beifall entgegenzunehmen hatte. Dass die Handlung stockte und die übrigen Darsteller und die Souffleuse eine unfreiwillige Pause einlegen mussten, was kümmerte das die Zuschauer? Überhaupt nicht!

Wenn dann eine mit erweiterter Bildung ausgestattete Theaterbesucherin an ihrer Haltestelle angekommen war und ihre Wohnung betreten hatte, wurde sie von ihrer halbwüchsigen Tochter empfangen, der sie das gerade Erlebte erzählen musste. Da kam es schon mal vor, dass die Mutter Titel und Autor des Stückes nicht

Das neue Nationaltheater

nennen konnte. Auf die Fragen der Tochter, die nicht locker ließ, sagte sie einmal: „Da kam so einer auf die Bühne. Ich hab gleich gemerkt, dass es ein ganz Böser war. Ich hätt ihn packen können ...“ Da erkannte die Tochter, was ihre Mutter gesehen hatte, nämlich Goethes „Faust“, und der Böse auf der Bühne war kein anderer als Mephisto gewesen. Nur gut, dass sie auf ihrem Stuhl geblieben war.

Auch das Gejammere mancher „Stammgäste“ über moderne Inszenierungen vertrauter Schauspiele und Opern hat eine lange Tradition. Sie können bisweilen der künstlerischen Freiheit des Regisseurs nicht folgen und erregen sich über manche Inszenierung, die ihnen „zu weit“ geht. Die Lokalzeitung ist dann voll bitterböser Leserbriefe. Dass immer mal wieder Schauspieler auf der Bühne auftauchen wie Gott sie geschaffen hat, regt inzwischen niemanden mehr auf. Die früher vernehmbaren Buh-Rufe bleiben aus. Daran hat man sich gewöhnt. Fazit: Das Mannheimer Theater hat im Laufe seiner langen Geschichte sein Publikum begeistert, manchmal auch schockiert. Doch es ist über all die Jahrzehnte das geblieben, was es für die Mannheimer immer gewesen ist: „Unser Theater".

MANNHEIMER NECKVERSE

Kurt Bräutigam, der 1911 in Mannheim geborene Germanist und Mundartkundler, hat sich intensiv auch mit der „Mannemer Sproch" beschäftigt und neben vielen Besonderheiten, die sogar von Stadtteil zu Stadtteil variieren, liebenswerte Sprüche „ausgegraben" und damit der Nachwelt erhalten. Der folgende Spruch stammt wohl aus der Zeit, als es die Neckarstadt noch nicht gab und sich vom Alten Messplatz bis zur Friesenheimer Insel die Neckargärten hinzogen:

> Wer geht mit, iwwer die Brick
> Eppl hole, Frack versohle?

Auf die vor bald 200 Jahren in den Laubenkolonien in den Neckargärten wohnenden Mannheimer war der folgende Vers gemünzt:

> Neckarschleimer Ratze
> reite uff de Katze,
> reite bis ans Neckartor,
> Neckerschleimer Lumbechor.

Auch die Dörfer um Mannheim kannten ihre Neckverse, mit denen sie ihre Nachbarn bedachten. Über die Seckenheimer, die, abgelegen vom großen Mannheim, lange Zeit ohne einen hier ansässigen Arzt auskommen mussten, gibt es den Spottvers:

> Ihr Seggemer, do hockter,
> ihr habt jo kän Dokter.

Und in den folgenden Zeilen sind gleich drei Orte erwähnt, wobei auf die längst von Mannheim eingemeindeten Feudenheimer so gar kein gutes Licht fällt:

> Wer in Ladeberg nit ge'uzt,
> in Ilvese nit geduzt,
> in Feidene nit verschlaache,
> der kann vun Glick saache.

Postkarte zur Einführung der Mannheimer Straßenbahn 1902

MIT DER „ZEHNER" UNTERWEGS

Nach der Zeit der Droschken und Pferdebahnen wurden auch die Mannheimer mobil. Das Auto, das in den T-Quadraten das Licht der Welt erblickt hatte, war lange Zeit ein Fahrzeug für die Oberschicht. Die Masse der Bevölkerung fuhr mit dem feurigen Elias von den Vororten in die Quadratestadt. Der Bahnhof der Eisenbahn war zunächst am Tattersall, ehe er an die heutige Stelle verlegt wurde. Doch dann gab es kein Halten mehr. Auch in Mannheim wurde die „Elektrisch" eingeführt. Straßenbahngleise und Oberleitungen wurden am Ring, in den Planken und in der Breiten Straße verlegt und bis in die entferntesten Stadtteile und Vororte ausgedehnt.

Die Zeit der Großraumwagen war noch weit entfernt. Die quietschenden und rumpelnden Straßenbahnen mit

Endhaltestelle der Mannheimer Dampfstraßenbahn in Mannheim-Feudenheim im Jahre 1912

Zugmaschine und Anhänger hatten vorn und hinten eine Plattform, deren Eingangstüren nur bei allergrößter Kälte geschlossen wurden. Ihr Inneres war mit harten Holzbänken ausgestattet, zunächst mit nur zwei längs der Fahrtrichtung verlaufenden langen Bänken. Für die vielen Stehplätze gab es jede Menge lederne Halteschlingen, an denen man sich gut festhalten musste, um nicht in der nächsten Kurve umzufallen. Dort war auch der uniformierte Schaffner zu Gange, zog an einer durchgängigen Lederschnur die Glocke zur Weiterfahrt, rief die Stationen aus und gab die Fahrscheine aus, auf denen er mit einem Tintenstift das jeweilige Fahrtziel markierte.

Vorne auf der Plattform stand breitbeinig der Wagenführer, im Winter mit einem dicken Uniformmantel mit Goldknöpfen, warmen Stiefeln und einer gefütterten Schildmütze bekleidet, und kurbelte am großen

Schwungrad und dem Fahrhebel. Bei Gefahr machte er eine Notbremsung, bei der er mit einem weiteren Hebel die Ausschüttung von Rollsplitt unter die Räder auslöste, so dass die Straßenbahn ruckartig und auf den Schienen gewaltig knirschend zum Stehen kam. „Nicht auf den Boden spucken!", „Nicht mit dem Wagenführer sprechen" und „Beim Aussteigen: Linke Hand am linken Griff!" stand auf den unübersehbaren Schildern, die an den Plattformwänden angebracht waren. Auf den Plattformen konnte man rauchen, so dass die meisten Männer hier ihre Stehplätze einnahmen, wo man beim fast körperlichen Kontakt mit dem Wagenführer so richtig „mitfuhr" und dessen Handgriffe im Geiste mit vollziehen konnte.

Der Wagenführer und sein Schaffner hatten viel zu tun. Da waren mittels einer mächtigen Eisenstange, die auf der Plattform verwahrt wurde, die Weichen umzulegen und bei Dämmerung manche Beleuchtung an einsam gelegenen Haltestellen von Hand einzuschalten. Der Schalter war in einem Blechkasten, für den der Wagenführer einen Schlüssel hatte.

An den Endstationen musste rangiert werden. Die heutigen Endschleifen gab es noch nicht. Die schließlich neu zusammengesetzte Straßenbahn stand denn eine Weile da und füllte sich mit neuen Passagieren. Wagenführer und Schaffner hatten vorn auf der Plattform ihre verdiente Pause, aßen, tranken oder rauchten und fachsimpelten über ihre Probleme oder die neue Mode der jungen Mannheimer, die plötzlich so enge Röhrenhosen trugen, die man wohl „mit dem Schuhlöffel" anziehen müsse.

Manch älterer Mannheimer erinnert sich noch an einen Schaffner, der seinen Beruf mit viel Humor ausübte. Mit einem Lächeln bis zu den Ohrläppchen hin rief

Friedrich-Ebert-Brücke 50er Jahre

er die Haltestelle „Neckarplatt" kurz vor dem Feudenheimer Bunker mit „Negerblatt" aus. Bald lachte kein
einziger Fahrgast mehr, doch der Schaffner blieb dabei.
Über seinen Scherz, der ja heute nicht mehr der „politi-
cal correctness" entspricht, hat er sich selbst am meisten amüsiert.

Ernst Bloch (Kreidezeichnung von Fuchs)

Haltungshilfe für die Bourgeoisie

Der Philosoph Ernst Bloch (1885–1977) ist in Ludwigshafen aufgewachsen und von den beiden Schwesterstädten Mannheim und Ludwigshafen stark geprägt worden. Bloch sah Mannheim „von driwwe", also von der gegenüberliegenden Rheinseite aus. In seinen Erinnerungen, seiner „Spurensuche", beschrieb er 1928 auch Mannheim. Da ist zu lesen:

„Orte wie Ludwigshafen sind die ersten Seestädte auf dem Land (...) am Meer einer unstatischen Zukunft (...) Die Badische Anilin- und Sodafabrik (...) (hierher verlegt, damit Rauch und Proletariat nicht nach Mannheim bliesen), wurde das buchstäbliche Wahr-Zeichen der Stadt. Drüben lag das Schachbrett der alten Residenz, heiter und freundlich gebaut wie zu Hermann und Dorotheas Zeiten; hatte statt der größten Fabrik das größte Schloß Deutschlands, vielleicht weniger (ein)

Blick von Ludwigshafen nach Mannhein 1919

Wahr-Zeichen im neunzehnten Jahrhundert, doch eine schöne Dekoration, die der Bourgeoisie Haltung gab, wann immer sie bei Kaffee und Zigarre angelangt war und bei dem Höheren (...) Ludwigshafen blieb der Fabrikschmutz (...) Selten hat man die Ideale des Industriezeitalters so nahe beisammen, den Schmutz und das residenzhaft eingebaute Geld (...)"

Obwohl die Stadt auf der anderen Rheinseite mit der größten Chemiefabrik der Welt schon längst vom Schmutz aus grauer Industrievorzeit weitgehend befreit ist, wird sich manch ein alteingesessener Mannheimer die Bloch'schen Erinnerungen auf der Zunge zergehen lassen, bestätigen sie doch seine Vorurteile über die „von drüwwe". Hat sich doch bis heute der Ausspruch erhalten: „Do niwwer fahr' ich nit."

Kritisch ist aber hier anzumerken: In der unlängst zur „Metropol-Region Rhein-Neckar-Dreieck" ausgerufenen Landschaft mit seiner unglücklichen Zugehörigkeit zu den drei Bundesländern Baden-Württemberg, Rheinland-Pfalz und Hessen ist solches Denken kontraproduktiv. Die von Ernst Bloch prophezeite „unstatische Zukunft" der beiden „Seestädte auf dem Land" ist eine Herausforderung, der wir Kurpfälzer von rechts und links des Rheins nur gemeinsam begegnen können.

ALLA KOMM!

Wieso heißen in Mannheim so viele Hunde ‚Alla'?",
lautete einmal die Frage einer BWL-Studentin an
einen Kommilitonen. Die beiden waren gerade in einem
Kaufhaus am Paradeplatz. Die Studentin stammte aus
dem Rheinland. Der Gefragte war ein Einheimischer,
doch wusste er auf die Frage zunächst keine Antwort.
Er verstand die Frage nicht, sie gab für ihn keinen Sinn.
Erst als er nachfragte und die Kollegin erklärte, ihr sei
aufgefallen, dass ständig Herrchen und Frauchen ihren
treuen Begleiter ein „Alla komm!" zuriefen, kam dem
Gefragten die Erleuchtung. So hießen die Hunde nicht,
erklärte er, der Ruf sei doch nur eine Aufforderung, endlich weiterzugehen. Und der Student holte nun ein bisschen aus und erzählte vom Einfluss der französischen
Sprache auf den Kurpfälzer Dialekt, in dem es nur so
wimmelt von französischen Sprachbrocken.

Da sch... ein Hund eben versehentlich auf's Trottoir,
ein unvorsichtiger Radfahrer macht einen Chausewitt,
da findet jemand ein leeres Portmonée, und ein Meister
sagt zu seinem Lehrling, der allzu grob an einer Arbeit
werkelt, die Feinfühligkeit verlangt, „Dusmo!" (douce-
ment) und treibt ihn mit den Worten „Allez hopp!" an,
wenn der Lehrling in Zeitlupe verfällt. In seinen Augen
nichtsnutzige Leute bezeichnet er als „Bagage" und von
den Reichen und Vornehmen spricht er ebenso abfällig
von der „Haute-Vollée". Und wenn ihm sein Schutzbe-
fohlener einmal mit nichtsnutzigen Tätigkeiten nervt,
dann sagt er: „Komm, mach kä Fissimatende!" Dieser
Ausruf ist für einen Nicht-Pfälzer wohl nur schwer zu
entschlüsseln und soll hier erklärt werden:

Als die Franzosen im 17. und 18. Jahrhundert Teile
der Kurpfalz besetzten, bandelten die flotten Soldaten

natürlich mit den Pfälzer Mädchen an. Da geschah es häufig, dass sie eine Auserwählte mit den Worten entließen: „Visite ma tente!", zu Deutsch „Besuche mein Zelt!"

Man kann sich gut vorstellen, wie da vielen Pfälzer Vätern bei solchen Redensarten der Kamm geschwollen ist.

Den scheinbaren Widerspruch mancher Kurpfälzer Redensarten musste einmal ein aus Rumänien stammender Neu-Mannheimer erfahren, der eine im Theresienkrankenhaus liegende Kollegin besuchte. Als er mit einem Blumenstrauß in der Tür zum Krankenzimmer stand, vernahm er die Stimme der im Bett liegenden Kranken: „Kumm, geh fort!" Der konsternierte Besucher machte erst einmal kehrt, kam aber wieder zurück und wurde herzlich von der kranken Kollegin empfangen. Dass dieser Ausruf eine ganz besonders große Überraschungsfreude ausdrückt, ist dem verunsicherten Besucher erst viel später klar geworden.

Fazit:

1.) Die Mannheimer meinen's auch herzlich, wenn's für fremde Ohren grob klingt.

2.) Ihren Hunden geben sie die gleichen Rufnamen wie die Leute, die anderswo „uff de Hund kumme sin". „Alla, komm!"

LAUTER KLEINE REBELLEN!
Die „Halbstarken" im Mannheim der 50er Jahre

Die Annahme, dass die Heranwachsenden in den deutschen Großstädten in der Zeit des beginnenden Wirtschaftswunders eine konfliktfreie Jugend erlebt haben, ist falsch. Gerade in Mannheim, wo Zehntausende von Amerikanern samt ihren Familien das städtische Leben prägten, wurde der amerikanische Lebensstil für viele Jugendliche ein Gegenentwurf zur Lebensweise der älteren Generation. Eltern, Lehrer, Ausbilder sowie staatliche und kirchliche Institutionen setzten alle Kraft darein, der nachwachsenden Generation die alten Werte wie Pflichtbewusstsein, Fleiß, Pünktlichkeit, Zuverlässigkeit und Gehorsam einzuimpfen. Weitgehend ratlos reagierten sie deshalb, als manche ihrer Zöglinge plötzlich gegen die alten, traditionellen Werte aufbegehrten und sich äußerlich und innerlich von den gesetzten Normen zu verabschieden schienen.

Überall tauchten sie auf, zunächst vereinzelt, dann in Gruppen. Sie sprachen von Dingen, die den Erwachsenen fremd waren, legten ein herausforderndes Wesen an den Tag und kleideten sich in einer Weise, die auf Unverständnis stieß. Sie standen an Haltestellen in den Planken und in der Breiten Straße herum, ohne in eine Straßenbahn zu steigen. Sie bevölkerten den Hauptbahnhof, standen an den Schaukästen der Kinos und bildeten Trauben vor den Eisdielen. Die ältesten waren 18, die jüngsten zwölf Jahre alt. Die im Aufstieg begriffene Wirtschaftwundergesellschaft hatte ein Problem bekommen, auch in Mannheim: Ärger mit den „Halbstarken".

Die Initialzündung war der Rock 'n' Roll, der auch in Mannheim die jungen Leute in seinen Bann schlug. In den amerikanischen Clubs der Mannheimer Kasernen, Depots und Villages war die neue Musik zuerst zu hören. Der US-Sender AFN strahlte sie aus, Radio Luxemburg schloss sich an. Bill Haley landete mit „Rock around the clock" einen Hit, der eine ganze Musikepoche einläuten sollte. Elvis Presley folgte mit „Hound dog" und „Jailhouse Rock", Chuck Berry mit „Sweet little sixteen" und „Roll over Beethoven". Es war eine Musik, die man nie zuvor gehört hatte. Der Rhythmus, die Tonfolgen und die Leidenschaft der Interpreten rissen die jugendlichen Zuhörer in einen Taumel, aus dem sie nicht mehr herauskamen.

Die Platten gab es als Singles in den Mannheimer Musikgeschäften zu kaufen, allen voran im Musikhaus Ehret an der Breiten Straße. Die Rockidole hing man als Schwarz-weiß-Postkarten über das Bett, denn bis die „Bravo" die neuen Stars als „Starschnitt" in Realgröße anbot, dauerte es noch eine Weile. Den primitiven Plattenspieler musste man an das Radiogerät anschließen und warten, bis die Eltern außer Haus waren. Diese nannten das, was man so verehrte, abfällig „Negermusik", die man abstellen sollte.

Beneidenswert waren diejenigen, die eine portable, automatische Plattenbox oder gar einen Zehnplatten-Wechsler besaßen. Wenn diese zu einer Party im Wohnzimmer ihrer abwesenden Eltern einluden, waren sie die Stars. „Schräg" mussten sie sein, die Platten, und es wurde gerockt, dass die Gläser und das Porzellan in der Wohnzimmervitrine klirrten.

Der beliebteste Treffpunk war über Jahre das „Rialto" in P 2 mit seiner Wurlitzer-Jukebox. Das im Stil der 50er Jahre eingerichtete Eiscafé, dessen Wände mit der Rialtobrücke und anderen Venedig-Motiven bemalt waren, diente als nachmittäglicher Treffpunkt. Laut wummerte die Jukebox, immer wieder mit Geldstücken gefüttert und die gedrückten Songs abspielend. Abends und an den Wochenenden spielten die „Thielman-Brothers" und andere Bands in U 1 am Friedrichsring. Die rockten zwar etwas bieder, dafür aber laut und ehrlich. Die „Konzerte" waren meist hoffnungslos überfüllt, so dass man Glück haben musste um hineinzukommen.

Bei der Mai- und Oktobermess' an der Schafweide über dem Neckar waren die Auto-Skooter Treffpunkte der Mannheimer „Halbstarken". Stundenlang standen sie da herum, nahe an den Lautsprechern, aus denen ihre Musik jaulte, in ihrem typischen Outfit, oft die Hände in den Gesäßtaschen, einem überlegenen Gesichtsausdruck und immer mal wieder die Frisur ordnend.

Kleidung und Frisur waren wichtige Attribute, mit denen man seinen Protest gegen die Welt der Erwachsenen signalisierte: Die Hosen waren eng, die Wildlederschuhe lang und spitz zulaufend. Die blousonartigen Jacken mit Reißverschluss besorgte man sich in den Amiläden in U 2 und anderswo. Sie waren kurz, hatten Strickbündchen, waren von greller Farbe und trugen amerikanische Aufschriften.

Die Haare wurden mit einer täglichen Gabe „Brisk"-Pomade und Wasser in die gewünschte Form gebracht: ohne Scheitel, nach hinten gekämmt, oben eine Tolle mit Strähnen, die in die Stirn fielen, das Nackenhaar recht tief aber ausrasiert. Die engen Hosen gab es nicht zu kaufen und wurden mit Mutters Nähmaschine in Eigenarbeit so eng genäht, dass sie nur noch mit Mühe anzuziehen waren. Wem sie jetzt immer noch nicht eng genug waren, der zog sie an, legte sich in die Badewanne und ließ sie am Körper trocknen.

Die Mädchen trugen Pettycoats unter ihren Röcken, samtweiche, „Nicki" genannte, enge Pullover und knoteten ihr „Nicki"-Tuch um den Hals. Der Pferdeschwanz und das in die Stirn ragende „Pony" waren unverzichtbar. All die Vorbilder, welche man an sie herantrug, verkümmerten zu Zwergen angesichts der Rockstars und der jugendlichen Hollywood-Rebellen James Dean und Marlon Brando.

Filme wie „Die Saat der Gewalt", „Denn sie wissen nicht, was sie tun", „Die Faust im Nacken" und „Jenseits von Eden" liefen in den Kinos der Mannheimer Innenstadt und der übrigen Stadtteile, wirkten wie Fanale und verstärkten den Eindruck, unverstanden in einer Gesellschaft zu leben, die Ordnung, Fleiß, Konformismus und willige Anpassung einforderte.

Bei der Mannheimer Straßenfastnacht drängten sich die „Halbstarken" in der Breiten Straße vor den Radio- und Fernsehgeschäften, die nach draußen die Szene lautstark mit Rockmusik beschallten. Da wurde auf den Straßenbahnschienen getanzt und die Mädchen wie Puppen durch die Luft gewirbelt.

Natürlich gehörten nicht alle Mannheimer Jugendliche zur Gruppe der „Halbstarken". Die Liebhaber des Sunnyboys Peter Kraus waren mindestens genau so zahlreich. Auch sie machten die neue Mode mit, allerdings doch auf ein adrettes Erscheinungsbild achtend und weit eher den vorgegebenen gesellschaftlichen Normen angepasst.

Beim alljährlich stattfindenden Cola-Ball im Mannheimer Rosengarten sah man sie dann alle vereint im großen Saal, auf der Empore und in den anderen Räumen. Mehrere Bands spielten zum Tanz, und bis in die Nacht vergnügten sich hier einträchtig die Mannheimer Teens und Twens aus allen Gesellschaftsschichten: Schüler, Lehrlinge, Studenten und junge Berufstätige. Hier traf man Bekannte, konnte aber auch leicht zu Unbekannten

Kontakt finden. So manches bis heute glücklich verheiratete Paar hat sich hier kennen gelernt.

Die meisten Besucherinnen und Besucher der Cola-Bälle, so unterschiedlich sie auch waren, hatten etwas gemeinsam: Sie hatten eine der Mannheimer Tanzschulen absolviert. Die meisten waren dem Ruf „Man tanzt bei Lamadé" gefolgt und hatten sich unter die Fittiche von Otto und Bertha Lamadé in M 4,7 begeben, wo sie nicht nur die Standardtänze gelernt hatten, sondern auch das Tragen von Anzug und Krawatte oder einem schicken Cocktailkleid, gutes Benehmen und gesellschaftliche Gepflogenheiten, wie man eine Dame zum Tanz auffordert und sie zur Straßenbahnhaltestelle oder bis zur Haustür begleitet.

Auch die meisten „Halbstarken" hatten diese Schule durchlaufen. Und wenn sie auch unzählige Male von ihren besorgten Vätern und Lehrern mit den Worten „Aus dir wird nie etwas!" malträtiert worden waren, aus den meisten ist doch etwas geworden. Sie wuchsen allerdings zu einer anderen Generation heran als ihre Väter und Lehrer, aber keineswegs zu einer schlechteren, eher zu einer besseren.

MANNEMER DRECK

Die bekannteste kulinarische Mannheimer Speziali-tät ist ohne Zweifel der Mannheimer Dreck, ein sü-ßes und wohl schmeckendes lebkuchenartiges Gebäck. Es ist nach einem alten, bis heute wohl gehüteten Rezept hergestellt, nur echt in der Originalverpackung mit Zer-tifikat und wird in alle Welt versandt.

Der Ursprung dieser Mannheimer Köstlichkeit mit dem sonderbaren Namen geht auf das Jahr 1822 zurück. Der Stadtvorstand von Mannheim, Herr von Jagemann, erließ eine Vorschrift, die allen Bürgern der Stadt kund getan wurde. Diese lautete:

„Jedermann wird mit zwei Reichstalern Strafe belegt, der den im Hause gesam-melten Kot mit Kehricht auf die Straße bringt."

Mit anderen Worten: Es stank gewaltig in den Mannhei-mer Straßen, und der Stadtvorstand wollte mit dieser unter Androhung einer empfindlichen Geldbuße ver-kündeten Verordnung die Bürger zu einer anderen Ent-sorgung zwingen. Eine sehr sinnvolle Maßnahme.

Doch die Stadtväter hatten nicht mit der Schlitzoh-rigkeit des Lebzelters und Bäckers Friedrich Brechter gerechnet. Dieser stellte umgehend eindeutig geformte, dick mit Schokolade überzogene Lebkuchengebilde her und präsentierte diese im Schaufenster mit samt einem Schild, auf dem stand: „Mannemer Dreck". Passanten drängten sich bald vor Brechters Bäckerei und amüsier-ten sich ob des gelungenen und kreativen Einfalls.

Sicher hat Bäcker Brechter selbst in seinen kühns-ten Träumen damals nicht geahnt, zu welcher Berühmt-

„Mannemer Dreck" ist eine Spezialität der Konditorei Herrdegen in E 2,8, der ältesten Mannheims von 1884

heit es sein wohl schmeckendes Backwerk mit der derben Bezeichnung einst bringen sollte. Welchen Teig hatte der Erfinder da nur zusammengerührt? Was man ohne Wissen des bis heute geheimgehaltenen Rezepts herausschmecken kann sind Honig, Zimt, Zitronat und Orangeat; noch bessere Zungen erschmecken auch bestimmte Gewürze.

*Mannheims älteste Konditorei in Mannheims ältestem Bäckerhaus,
Barockhaus von 1700*

Das Gebäck als Lebkuchen zu bezeichnen ist nicht ganz
richtig: Die dem Genießer letztlich unbekannt bleibende
Wahl und Mischung der verschiedenen Ingredienzien
machen den Genuss zu einem außergewöhnlichen und
einzigartigen Erlebnis. Die Urform des Rezeptes befindet sich seit langem im Besitz der Familie Herrdegen,
der ältesten, schon in der vierten Generation in Mannheim ansässigen Konditorenfamilie.

Brechter überließ das Rezept seinem jüngeren
Freund Johann Adam Herrdegen (1814–1893).

Der Begründer der Mannheimer Konditoren-Dy-
nastie und Hofkonditorei Herrdegen zog noch auf Jahr-
märkte und verkaufte dort den zur Berühmtheit gewor-
denen „Mannemer Dreck".

Zuvor hatte er das bis heute in der Familie aufbewahrte „Hülfsbuch für die Deutsche Konditorei" ausgiebig studiert und sich viele Fachkenntnisse und Fertigkeiten erworben.

Am 15. Februar 1853 war er endlich am Ziel seiner beruflichen Träume: Er erhielt vom Mannheimer Stadtrat die „Concession zur Zuckerbäckerei". Schon 1838 hatte er in L 4,12 eine Konditorei gegründet. Einige Jahre später erwarb er das Haus des Konditors Kunkelmann in P 4,1 und richtete hier eines der renommiertesten Caféhäuser Mannheims ein. Im Jahre 1884 erwarb die Familie das Haus in E 2,7–8, wo die Herrdegens bis heute arbeiten und residieren. Es ist eines der wenigen noch erhaltenen Barockhäuser in Mannheim, wurde 1999 vom derzeitigen „Patron" Hans Herrdegen vom Keller bis zum Dach vorbildlich renoviert und bietet außen und innen einen prächtigen Anblick.

Das sehenswerte Gebäude wurde um 1700 von dem Bäckermeister Otto Franz Platt erbaut und ist das älteste erhaltene Bäckerhaus Mannheims. Der Urenkel des Firmengründers, Hans Herrdegen, legte nach der 1969 abgelegten Meisterprüfung die Hände nicht in den Schoß. Ganz im Gegenteil! Er hatte noch als Bub seinem Großvater Joseph Herrdegen über die Schulter geschaut und bei seinem Vater Hans Herrdegen das Konditorenhandwerk von der Pike auf gelernt. Schon 1969 wurde er zum Innungsmeister der Mannheimer Konditoren-Innung gewählt. Über die Jahre wurde er zu einem einfallsreichen, versuchsfreudigen „Créateur" süßer Versuchungen aller Art.

Gemeinsam mit seinem Meister Karl-Heinz Schmich, der 1975 bei ihm als Lehrling angefangen hat, zauberte er viele weitere Kreationen, die in Mannheim inzwischen ebenso bekannt sind wie der „Mannemer Dreck". Der

im Schaufenster stehende Baumkuchen sieht zum An-
beißen aus. Die 1999 zum Carl-Theodor-Jahr nach dem
alten Originalrezept geschaffene Carl-Theodor-Hoch-
zeitstorte ist köstlich und erfreut sich immer größerer
Beliebtheit.

Die vortrefflichen Mozartküsse, eine Reminiszenz
an Mozarts Aufenthalt in Mannheim und die wohl mun-
denden Carl-Theodor-Taler sind neben vielen anderen
Köstlichkeiten zwei weitere Beispiele für Herrdegens
Gabe, Konditoreiwaren von höchster Qualität und lo-
kalem Bezug herzustellen. Das Ambiente des alten
Herrdegen'schen Stammhauses mitten in den Quadraten tut ein Übriges, um all diese Spezialitäten ins rechte
Licht zu rücken. In E 2 steht eines der letzten Mannheimer Tagescafés seiner Art mit stilvoller, gediegener
Mannheimer Gastlichkeit. Den wortwörtlichen „Hö-
hepunkt" bildet die in der zweiten Etage eingerichtete
Carl-Theodor-Stube.

Kein Wunder, dass sich immer mehr Kaffeehaus-
besucher zum „Konditern" in dem barocken Kleinod
treffen und sich mit den meisterhaften Kreationen des
Hauses verwöhnen lassen. Doch am berühmtesten ist
und bleibt eben der „Mannemer Dreck", dessen Urre-
zept sorgsam in der Familie verwahrt wird wie all die
anderen Relikte und Erinnerungen aus einer der ältesten Handwerkerfamilien Mannheims.

LITERATUR

Blaul, Georg Friedrich: Mannheim, ein kleines Paris! 1839. Verlag der Quadrate-Buchhandlung. Mannheim 2000

Geib, Karl: Mannheim, eine der schönsten Städte. Verlag der Quadrate-Buchhandlung. Mannheim 2001

Hain, Bruno/ Lehr, Rudolf: Do sin mer dehääm. K. F. Schimper-Verlag. Schwetzingen 1993

Jacob, Gustaf: Friedrich Engelhorn, Der Gründer der Badischen Anilin- u. Soda-Fabrik. Mannheim 1959

Lessing, Hans-Erhard (Hrsg.): Das erste Zweirad fuhr in Mannheim. Verlag der Quadrate-Buchhandlung. Mannheim 2001

Nieß, Ulrich/Caroli, Michael: Die höchste Auszeichnung der Stadt. Kleine Schriften des Stadtarchivs Mannheim Nr. 18. Mannheim 2002

Schwarz-Pich, Karl-Heinz: Otto Siffling. Agon Sportverlag. Kassel 1999

Weckesser, Hans: Geliebter Wasserturm. MVV, Mannheim 1991

Zeilinger, Gerhard: Die Fußballhochburg Mannheim. Fußball-Archiv Mannheim (Herausg.) Mannheim 1994

Zeilinger, Gerhard: Triumph und Niedergang in Mannheims Fußballsport. Fußball-Archiv Mannheim (Hrg.). Mannheim 1995